L'EMPIRE

DES

SOURCES DU SOLEIL

PARIS. — TYPOGRAPHIE DE CH. MEYRUEIS ET Cⁱᵉ

RUE DES GRÈS, 11

Costumes japonais, embarcations.

NOUVELLE BIBLIOTHÈQUE DES FAMILLES

L'EMPIRE

DES

SOURCES DU SOLEIL

OU

LE JAPON OUVERT

PARIS

LIBRAIRIE DE CH. MEYRUEIS ET Cie

RUE DE RIVOLI, 174

1860

L'EMPIRE

DES

SOURCES DU SOLEIL

INTRODUCTION

Qui n'a parfois rêvé les longs voyages? — Qui, fatigué de sa tâche quotidienne, ne s'est jamais pris à souhaiter d'avoir en sa possession le petit tapis des contes de fées, sur lequel il suffisait de se placer pour se trouver transporté, de quelque façon merveilleuse, au delà des monts et des mers?... Et, dans les jours sombres de l'automne, voyant les troupes d'oiseaux voyageurs partir pour chercher au loin les régions du soleil et du perpétuel été, qui n'a pas, une fois ou l'autre, soupiré en se sentant retenu sous le climat du Nord?... Comme si chacun de nos jours n'était pas un voyage aussi!

Quelques-uns sont allés au loin et ont vu beaucoup de choses. Ils les ont racontées pour ceux qui, ne pouvant s'associer que par la pensée à leurs entreprises, aiment à entendre parler de ces domaines inconnus, de ces peuples si différents de nous par leurs habitudes, leur caractère, leur langage, et qui pourtant sont nos frères dans la grande famille humaine.

C'est à de tels lecteurs que s'adressent ces pages. Parcourues peut-être un soir d'hiver après une journée de neige ou de brouillard, au cercle aimé de la famille ou dans la veillée silencieuse du solitaire, elles auront, espérons-nous, le privilége de transporter pour un moment le lecteur dans l'atmosphère lumineuse du beau pays, dont le nom signifie, dans le langage de ses habitants, l'*Empire des sources du soleil.*

Pour peu que notre imagination nous fournisse le moyen de transport inventé par la fable orientale, nous allons nous trouver à l'extrémité opposée de l'Asie, au delà du Céleste-Empire, bien loin de la France et de sa grande ville — un peu sombre, un peu boueuse par ce jour d'hiver — mais si bien chantée par un poëte :

> Notre Paris si plein de fange,
> Et cependant toujours aimé...

Aussi, malgré le beau ciel du Japon, les aspects variés de sa riche nature, la douceur d'un climat comparable à celui de l'Espagne, de l'Italie ou de la Grèce, — ces plus belles contrées de notre riche

Europe, — sommes-nous bien aise de n'y faire qu'un voyage et de revenir, aussi facilement que nous les avons quittés, à nos amis, à nos travaux, à nos fatigues mêmes, à notre place enfin dans ce monde, en remerciant Dieu de ne pas nous l'avoir assignée dans ces îles lointaines où la religion du Christ est un objet d'aversion et de mépris.

Nous aurons vu là-bas plus de quarante millions d'hommes, cultivés et polis par une ancienne civilisation, mais complétement étrangers à la vie supérieure que nous dévoile l'Evangile, et consumant tout une part de leur existence dans l'observance cérémonieuse d'un culte idolâtre et de puérils devoirs d'étiquette. Des lois rigoureuses ont fait pour eux, de la mer qui les entoure, une infranchissable barrière. Jamais il ne leur est permis de visiter un sol étranger; tout échange d'idées avec les autres peuples leur est interdit. Depuis près de deux siècles, aucun homme portant le nom de chrétien n'a pénétré dans ce vaste empire. Aucune voix n'a pu porter sur ces rivages le message du salut, et des milliers de cœurs humains ont aimé, vécu, souffert ainsi, sans espérance, faute de la parole divine qui fait rayonner au-dessus des régions terrestres la pure lumière de l'éternité.

Un grand intérêt donc doit s'attacher à l'entreprise

récente qui vient de faire une brèche à l'étrange système d'isolement dans lequel a, pendant si long-temps, été renfermé le Japon. Le récit contenu dans les pages qu'on va lire n'est pas celui des impressions particulières d'un voyageur qui peut être suivi pas à pas, pour ainsi dire. Coup d'œil jeté sur le passé, puis résumé fidèle du journal tenu par les officiers de l'escadre américaine, il mettra le lecteur en présence des scènes de la nature et de la vie sociale, telles que les ont rencontrées les premiers explorateurs des mystérieux rivages de l'*empire fermé*. Il faudra l'avoir lu pour bien comprendre ce que nous diront plus tard les voyageurs qui ne manqueront pas de s'élancer, par cette porte ouverte, dans ce pays arriéré et neuf, par cela même qu'il est resté tel qu'il était il y a des siècles.

« Rien de nouveau sous le soleil, » a dit le sage. Au Japon on observe des usages entièrement semblables à ceux de l'Europe d'autrefois. La féodalité se retrouve dans les rapports du vassal au seigneur et de celui-ci au monarque. Le gouvernement même a comme une teinte du moyen âge. Deux souverains, chacun dans sa capitale, se partagent le rang, si ce n'est le pouvoir suprême.

Le *Siogoun* ou empereur, dans son palais d'*Yeddo*, aux colonnades et aux toits dorés, gouverne l'immense ville et dirige toutes les affaires temporelles du royaume, tandis que le souverain spirituel ou *Mikado*, espèce de pape de la religion japonaise, reçoit des honneurs presque divins, dans sa ville sainte de *Miako*. Cette cité, qui compte plus de cinq cent mille habitants, est bien moins importante maintenant que celle d'Yeddo; c'était jadis la capitale de l'empire, et les mikados, auxquels la tradition prête une origine céleste, en étaient les souverains légitimes.

Leur pouvoir commença à s'affaiblir bien avant l'ère chrétienne, par suite de leur habitude d'abdiquer de bonne heure en faveur de leurs jeunes enfants. Le sceptre, porté alors au nom d'un monarque incapable, par le *siogoun* ou *généralissime*, — assez semblable aux maires du palais sous nos rois fainéants, — devait nécessairement accoutumer celui-ci à l'exercice de la puissance. Aussi l'un d'entre eux, après avoir ainsi gouverné l'empire pendant près de vingt ans, finit par monter sur le trône et rendre la dignité de siogoun héréditaire dans sa famille. Cela se passait il y a plus de dix-neuf siècles, et, depuis ce moment, le siogoun fut le seul maître absolu sur la terre du Japon.

On conserva toutefois au Mikado tout le prestige de la grandeur. Les revenus de la ville de Miako sont affectés en entier à l'entretien somptueux de sa maison. Sa personne est l'objet d'une sorte de culte, et il ne tient qu'à lui de se croire un être très supérieur à la nature humaine. Il ne doit pas toucher la terre de ses pieds, et le soleil n'est pas digne de luire sur sa tête. Ses cheveux, sa barbe et ses ongles, coupés pendant son sommeil, sont soigneusement conservés pour en faire des reliques, nous dit M. Fraissinet dans son intéressant volume du *Japon contemporain*. Il va sans dire que ce n'est jamais au Mikado que les Américains eurent affaire.

Le *royaume du soleil levant*, devenu enfin accessible à notre civilisation, est donc une conquête qui, pour être pacifique, n'en est pas moins importante. Les vieux préjugés, les lois désormais inapplicables, ont reçu un premier choc, qui sera suivi sans doute de réformes plus libérales encore.

En présence de ce nouveau champ ouvert à l'industrie, au commerce, aux idées, au progrès social, le philanthrope, le politique, l'économiste auront lieu de se réjouir. Le chrétien saura de plus reconnaître dans ce renversement d'un des grands obstacles opposés aux messagers de l'Evangile sur la terre, un pas fait vers l'accomplissement des promesses de Dieu, il se sentira animé d'une force et d'une espérance nouvelles pour hâter l'avancement du règne de la vérité !

I

ANCIENS RAPPORTS AVEC LE JAPON

—

I. — LES PORTUGAIS.

Le premier navire européen qui toucha aux côtes du Japon y fut jeté par la tempête vers le milieu du seizième siècle. Jusque-là, quelques vagues rumeurs des immenses richesses cachées dans les îles des mers Pacifiques, avaient seules pénétré chez les nations de l'Occident.

Elles provenaient de Marco Polo, l'illustre voyageur vénitien, qui les avait recueillies sur la fin du treizième siècle, pendant un séjour en Chine. Selon lui, tout ce qui excite la cupidité des hommes abondait tellement au Japon, que le palais du souverain était tout recouvert d'or pur.

L'aventureux génie de Christophe Colomb se fraie une route inconnue à travers l'Océan. Il part pour chercher la grande *Cipango, la principale de ces innombrables îles que l'on marque dans les mappe-*

mondes à l'extrémité de l'Orient, et c'est ainsi qu'il découvre un nouveau continent. Son rêve, en poursuivant cette île fabuleuse, *si riche en or et en perles*, était de la soumettre au sceptre de l'Espagne, qui en consacrerait les trésors à conquérir le saint Sépulcre.

Un demi-siècle s'était écoulé depuis la découverte de l'Amérique, lorsque le vaisseau dont nous parlons vint, demi-naufragé, jeter l'ancre près du rivage de l'île de Kiousiou. Sur ce vaisseau était le voyageur portugais *Pinto*, en compagnie d'une troupe d'aventuriers de la même nation. Mais avant de retracer les premières notions un peu exactes qui nous sont parvenues ainsi sur ce peuple et ce pays inconnus, disons quelques mots de la position géographique du Japon.

Ce grand empire, ce *royaume du soleil levant*, selon l'étymologie de son nom de *Nippon* ou *Niphon*, se compose d'un groupe d'îles jetées dans l'océan Pacifique, sous la forme d'un croissant irrégulier, dont la partie concave, tournée vers le continent asiatique, embrasse dans son immense courbe et de manière à en former une méditerranée, la mer à laquelle il donne son nom.

Situé à l'est de l'Asie, entre les 30ᵉ et 44ᵉ degrés de latitude nord, cet archipel se compose d'environ 3,800 îles ou rochers, pour la plupart inconnus aux Européens. Beaucoup de ces îles sont, dit-on, fertiles et charmantes; d'autres, d'un aspect sauvage et désolé, sont comme rendues inaccessibles par des côtes escarpées, et entourées de bras de mer hérissés de récifs. Les difficultés de leur abord ont peut-être été exagérées par le désir qu'ont les Japonais d'empêcher les étrangers de visiter leurs rivages. Toujours est-il qu'il y a un fonds de vérité dans leurs récits, et que longtemps encore ces îles secondaires nous demeureront inconnues.

Il n'en sera pas de même du Japon proprement dit, qui se compose de quatre grandes îles, *Yézo*, *Nippon*, *Sikok* et *Kiousiou*, avec une partie d'une cinquième, celle de *Krafto*, dont le nord appartient à la Russie. A celles-ci se joignent le groupe des îles *Bonin* et un petit archipel tributaire, les îles *Lioukiou*.

Nippon, qui donne son nom à l'empire entier, est une terre de plus de 1,332 kil. de longueur et d'environ 148 kil. de largeur. C'est là que se trouve la capitale, la grande ville d'*Yeddo*, l'une des plus belles du monde ; elle compte comme Londres, qu'elle surpasse en étendue, près de deux millions d'habitants. L'île d'*Yézo*, située au nord de Nippon, est la deuxième en rang pour la grandeur. *Kiousiou*, qui vient après, n'est séparée de la partie sud de Nippon que par un détroit de peu de largeur. C'est dans cette île que se trouve le port de *Nangasaki*, ou *Nagasaki*, auquel s'attache l'intérêt spécial d'avoir été, depuis deux siècles, le seul point de contact, pour le Japon, avec la factorerie hollandaise, tolérée dans une petite île adjacente nommée *Dézima*.

Nous ne nous arrêterons pas ici sur les traits et le caractère du peuple de ces îles, bien qu'ils soient de nature à inspirer un grand intérêt. Le récit de l'expédition américaine nous y ramènera; nous verrons sans doute chez ces hommes beaucoup de qualités aimables; mais, quoique parvenus à un haut degré de civilisation, ils nous présenteront les traces évidentes des mauvaises tendances de notre nature, de sa dégradation quand elle est livrée à elle-même et privée de la puissance de la vérité chrétienne. La grande masse des Japonais est soumise aveuglément aux dogmes absurdes et aux observances puériles du *bouddhisme,* qui s'est modifié chez eux par son mélange avec l'ancienne religion du pays, le *Sinsyou.*

Mais revenons à nos voyageurs portugais. Ces premiers Européens que le Japon eût vus débarquer sur ses rives furent accueillis par les habitants avec beaucoup de bienveillance et de curiosité. On a conservé au Japon des portraits de ces nouveaux-venus.

De bons rapports s'établirent. Chaque année un vaisseau portugais arrivait à l'île de Kiousiou, chargé de marchandises dont on faisait l'échange. Des prêtres vinrent bientôt aussi s'efforcer de gagner les âmes à leur foi. Le meilleur d'entre eux, saint François-Xavier, accomplit dans cette île une œuvre vraiment missionnaire. Après quelques années de travail, il avait réuni autour de lui plusieurs milliers d'indigènes convertis au catholicisme; plus d'une église avait été bâtie.

Les relations commerciales prospéraient aussi. Les Portugais, selon l'expression d'un vieil auteur, obtenaient la *moelle dorée* du Japon, et plusieurs d'entre eux avaient épousé les filles des plus riches chrétiens japonais.

Mais toute cette prospérité était destinée à une prompte ruine — et ce trait de l'histoire du Japon nous fournit un des plus tristes exemples de l'influence destructive exercée par l'Eglise de Rome sur les intéréts matériels et spirituels de toute nation chez laquelle elle a pris la haute main. Au lieu de continuer l'œuvre de dévouement et de charité commencée par Xavier et ses compagnons, les moines de toute dénomination qui leur succédèrent par milliers, donnèrent un libre cours à l'orgueil, à l'avarice, à une sensualité effrénée, et remplirent le pays du bruit de leurs querelles intestines. Les chrétiens japonais eux-mêmes furent scandalisés et dégoûtés en s'apercevant que leurs directeurs spirituels étaient plus avides des biens de ce monde que jaloux du salut des âmes.

Cet état de choses alla en empirant jusqu'au moment où l'empereur, venant à découvrir une conspiration portugaise tendant à renverser le trône, promulgua immédiatement un édit qui déclarait « bannie pour jamais du territoire japonais toute la race des Portugais, avec leurs mères, leurs nourrices et tout ce qui leur appartenait. »

C'était en 1637. — Le même édit condamnait à mort sans pitié tout Japonais qui sortait de son pays natal. La peine capitale était également prononcée contre celui qui y reviendrait après un voyage en pays étranger, — contre celui qui oserait même y faire entrer une lettre, — contre le noble ou le soldat convaincu d'avoir acheté quelque chose d'un étranger. Toute personne qui essayerait de propager les doctrines chrétiennes, ou qui simplement porterait le titre de chrétien, devait mourir. Une récompense fut même offerte à qui dénoncerait soit un prêtre, soit un indigène converti.

Une partie des Portugais, effrayés de la rigueur de cet édit, quittèrent aussitôt le pays. D'autres, bloqués dans leur factorerie à Dézima, tardaient encore, espérant que l'orage passerait. Mais l'empereur fut inébranlable; il réussit à les chasser pour toujours de l'empire, et à y anéantir toute trace de la religion chrétienne.

Nous ne pouvons terminer cette esquisse rapide des relations des Portugais avec le Japon sans rendre témoignage à la noble constance des milliers de chrétiens japonais qui furent mis à mort pour leur foi. Les sanglantes annales des persécutions religieuses ne contiennent pas de chapitre plus touchant que celui qui retrace les tourments et l'héroïsme de ces martyrs, dont un grand nombre étaient des femmes et même des enfants.

II. — LES HOLLANDAIS.

Un demi-siècle après la première visite des Portugais au Japon, un navire hollandais y arriva, à peu près dans les mêmes conditions. C'était le dernier survivant d'une flotte de cinq voiles, partie de Hollande en juin 1598. Deux années d'une navigation périlleuse et pleine de combats n'avaient épargné de la petite et brave escadre que ce seul vaisseau, qui vint jeter l'ancre dans un des ports de Kiousiou. Il était monté par le pilote anglais *William Adams*, qui a laissé un récit simple et touchant de cette expédition malheureuse. L'équipage, épuisé par des privations et des misères de tout genre, fut hospitalièrement reçu, et les secours nécessaires lui furent donnés en abondance.

Les voyages dans les mers du Sud étaient doublement périlleux à cette époque. Les Espagnols et les Portugais, s'appuyant sur la concession que le pape leur avait faite de tout l'hémisphère occidental et de plus de la moitié de l'autre, prétendaient empêcher toutes les autres puissances de l'Europe d'empiéter sur ces droits imaginaires. Considérant en conséquence tous les navires dont ils pouvaient s'emparer comme une capture légitime, ils en confisquaient la cargaison, et traitaient l'équipage comme une troupe de pirates ou de contrebandiers.

Les Hollandais et les Anglais, n'admettant pas cette suprématie du pape, s'opposaient de toutes leurs forces à cette arrogante prétention. Aussi n'envoyaient-ils leurs vaisseaux que bien armés et en nombre dans ces mers où les Espagnols, pour le maintien de leurs titres et de leurs droits, semblaient compter autant sur l'éloquence de leur artillerie que sur la soumission des consciences aux décrets du saint père.

La petite troupe hollandaise débarquée au Japon

ne tarda pas à se trouver de nouveau en butte à l'hostilité des Portugais. Ceux-ci étaient alors établis dans le pays depuis une cinquantaine d'années, et il semblait naturel d'attendre de leur part autant de simple humanité qu'en montraient les païens à l'égard des malheureux étrangers. Les Hollandais s'étaient établis à Firando. Un jésuite portugais s'y rendit aussitôt, escorté de quelques-uns de ses compatriotes, et dénonça immédiatement les nouveaux venus comme pirates, malgré la preuve évidente que la cargaison de leur navire donnait du but commercial de leur voyage.

Cet acte, inspiré par un double motif, — la haine envers les hérétiques et le désir de conserver le monopole du commerce, — étonnerait davantage si mainte page de l'histoire n'offrait des exemples pareils..... Triste effet du fanatisme, qui peut faire descendre ainsi des cœurs d'hommes professant la religion de Jésus jusqu'à des actions que flétrit la morale du paganisme lui-même !

Cette accusation réussit à exciter les soupçons et les préventions des insulaires contre les pauvres marins auxquels ils avaient donné asile, et ceux-ci eurent désormais chaque jour à craindre pour leur vie.

C'était ce que désiraient les Portugais. — Heureusement la chose fut rapportée à l'empereur, qui voulut voir et entendre le pilote Adams. Le résultat de cette entrevue, malgré tous les efforts des jésuites et des Portugais, fut une déclaration de l'empereur portant que puisqu'il était complétement étranger aux démêlés des Portugais avec les Hollandais, il n'avait aucune raison de faire mourir ces gens.

Adams, pendant ce temps, était retenu dans une captivité qui n'avait rien de rigoureux; au bout de six semaines, l'empereur le fit comparaître encore en sa présence, lui adressa plusieurs questions, et lui permit finalement de rejoindre ses compagnons. Il les retrouva tous vivants : on avait pourvu libéralement à leurs besoins; mais ils ne purent obtenir qu'on leur rendît leur vaisseau. Après une seconde tentative à cet effet, il leur fut répondu que l'empereur ne pouvant accéder à leur demande, ils eussent à s'arranger à passer tranquillement et heureusement le reste de leurs jours au Japon.

Là-dessus les Hollandais se dispersèrent en toute liberté dans le pays, l'empereur ayant pourvu généreusement à leur entretien.

Adams demeura à la cour, où son intelligence, ses talents et son adresse lui acquirent bientôt des amis ; il s'éleva peu à peu dans l'estime du souverain, et parvint à une haute position. Il enseigna à l'empereur les principes élémentaires des mathématiques, et construisit pour lui deux vaisseaux. Son influence s'accrut tellement par tous ces services, que les Portugais, qui perdaient graduellement au contraire la faveur du monarque, eurent plus d'une fois l'occasion de réclamer l'intervention de l'étranger.

Enfin, en 1609, deux vaisseaux hollandais abordèrent au Japon. Venus dans le but de capturer un navire portugais chargé de marchandises, et n'ayant pu parvenir à s'en emparer à temps, ils jetèrent l'ancre à *Firando*, d'où les commandants du navire se rendirent à la cour de l'empereur. Adams, qu'ils y rencontrèrent, accepta le rôle de négociateur, leur obtint un accueil gracieux et l'autorisation pour la Hollande d'euvoyer tous les ans un ou deux vaisseaux dans l'intérêt de son commerce. De ce moment datent les relations régulières de la Hollande avec le Japon.

Adams, comme nous l'avons vu, avait obtenu de grandes distinctions à la cour. Mais toute cette prospérité extérieure ne pouvait guérir une profonde blessure de son cœur. Il avait laissé en Angleterre une jeune femme et deux enfants tendrement aimés. Les pages les plus touchantes qu'il ait laissées sont celles où, faisant allusion à sa famille, il exprime la crainte de ne jamais la revoir.

L'empereur ne pouvait se résoudre à le laisser partir. D'ailleurs, tant que les navires portugais avaient été les seuls qui abordassent sur ces rivages, il n'y pouvait penser. Plus tard, quand, par ses soins, des relations amicales avec les Hollandais se furent établies, ses espérances se ranimèrent. Il écrivit à sa femme, à des amis en Angleterre. — On ne sait si ces lettres parvinrent à leur adresse. Tout ce qu'on sait (outre un détail important que nous rapporterons plus tard), c'est que le pauvre exilé ne revit ni les siens, ni son pays natal : il mourut à Firando, au Japon, vers 1629, après avoir passé plus de vingt années dans cet empire.

La première factorerie des Hollandais fut établie à Firando, sur une très humble échelle. Celle des Portugais était alors à Nagasaki, dans l'île de *Dézima*, qui fut plus tard occupée par leurs victorieux compétiteurs. D'anciens sentiments de rivalité et d'hostilité se maintinrent entre les deux établissements, jusqu'à ce que les Portugais fussent expulsés du pays. Les Hollandais se rendirent alors coupables d'une action trop criminelle, et trop clairement prouvée, pour qu'aucune apologie soit possible.

Voici les faits :

Lorsqu'il ne resta plus un seul chrétien portugais au Japon, on voulut forcer les indigènes convertis à renoncer au christianisme. Mais ceux-ci restèrent fidèles à leur foi, malgré la prison, les tortures et la mort dont ils étaient menacés. Poussés à bout cependant par la persécution, ces malheureux en vinrent à une rébellion ouverte, et se réfugièrent dans la vieille ville de *Simabara*, qu'ils fortifièrent contre les troupes de l'empereur.

Celles-ci ayant échoué dans leur première attaque, le gouvernement japonais réclama, pour cette guerre impie, le concours des Hollandais. Ils ne le refusèrent pas. Un de leurs vaisseaux fut envoyé de Firando, et son artillerie employée à abattre les murailles derrière lesquelles la petite troupe des catholiques avait cherché un abri. Ils placèrent en outre une de leurs batteries sur le rivage. Aussi, après quinze jours d'un feu meurtrier, les Japonais purent-ils se passer des services des Hollandais. Les rebelles avaient perdu un grand nombre des leurs, et la place était trop affaiblie pour que le succès pût tarder longtemps. Le gouverneur hollandais se retira, en laissant six canons au service de l'empereur.

La place fut prise enfin. Un grand nombre des assiégés avaient péri par la famine, et tout ce qui restait, hommes, femmes et enfants, fut massacré !

La part active que prirent les Hollandais à cette croisade contre les catholiques de l'empire, est digne d'un siècle où l'on vit des papes solliciter l'alliance du Turc.

En 1641, les Hollandais reçurent l'ordre de transporter leur factorerie, de Firando, où ils vivaient confortablement et sans contrainte, dans la petite station que venaient d'abandonner les Portugais. C'était le misérable îlot de Dézima, dans le port de Nagasaki, ressemblant bien plus à une prison qu'à une factorerie. Là, ils furent placés sous la surveillance la plus rigoureuse et traités d'une manière humiliante.

Cependant, « la convoitise des Hollandais pour « l'or du Japon était si grande, » dit Kaempfer, leur médecin allemand, « que, plutôt que de « renoncer à un trafic avantageux, ils se soumirent « à un emprisonnement presque perpétuel (car tel « est, dans le fait, notre résidence à Dézima), et « acceptèrent des choses bien dures dans un pays « étranger et païen. Ils durent renoncer à tout « service divin le dimanche et les jours de fête, « s'abstenir de prier et de chanter des psaumes ;

« il fallut éviter tous les signes extérieurs du
« christianisme, supporter patiemment la conduite
« injurieuse de ces orgueilleux infidèles et les pro-
« cédés les plus offensants pour un cœur noble et
« généreux. »

C'est à toutes ces humiliations, décrites par un
témoin oculaire, que les Hollandais se sont soumis
jusqu'à ce jour ! Est-il surprenant, après cela, que
des hommes à l'âme assez sordide pour accepter de
telles conditions d'existence, abandonnant même
les formes de la religion dont ils portent le nom
déshonoré, aient pu se vendre à un empereur
païen pour l'aider à exterminer ses sujets chrétiens?

Des cas extrêmes comme celui-ci sont heureusement aussi rares que révoltants. Mais les indignes
représentants du christianisme et de la civilisation
se trouvent en tout pays : de tous les obstacles opposés aux entreprises missionnaires et à l'évangélisation des païens, c'est assurément le plus formidable.

La petite île de Dézima, où les Hollandais durent aller prendre la place des Portugais, est en
grande partie de construction artificielle. On raconte que, lorsque les architectes demandèrent à
l'empereur *Jyémits* la forme qu'il fallait donner à
cette île, celui-ci, pour toute réponse, montra son
éventail. La plus grande largeur de ce petit domaine, pour lequel les Hollandais payent à l'empereur, en signe de dépendance, une redevance an-
nuelle, est de 70 mètres, et sa longueur de 185.
— Un petit pont, toujours gardé, est la seule

communication avec la ville de Nagasaki. L'îlot est entouré d'un mur de basalte surmonté de piques de fer, et de misérables habitations de bois et de bambou sont les seules qu'y puissent construire les Hollandais. Ils vivent là, entretenant à leurs frais, dans les emplois d'interprètes, de commis et de domestiques, autant d'espions japonais, et toujours exposés aux visites domiciliaires de la police.

Il est impossible d'imaginer un système plus complet d'espionnage et d'emprisonnement. Quand un navire hollandais arrive, le premier acte des employés japonais est d'en enlever toutes les armes et les munitions. On le visite ensuite, en prenant un inventaire exact de la cargaison. L'équipage reste toujours sous une stricte surveillance.

Tout employé japonais en rapport avec la factorerie hollandaise est obligé, deux ou trois fois par an, de prêter serment de sa haine pour la religion chrétienne ; on lui fait fouler aux pieds des croix et des crucifix.

Il n'est pas vrai, comme on a voulu le faire entendre, qu'un pareil acte soit aussi requis des Hollandais ; mais on cite ce trait de l'un d'eux. Lors de la grande persécution, la police lui demandant s'il était chrétien : « Non, répondit-il, je suis Hollandais. »

Il n'est pas trop étonnant, après cela, que les Japonais méprisent le christianisme !

Autrefois le directeur de la factorerie, ainsi que le médecin et les principaux employés, se rendaient une fois par an à la cour de l'empereur pour lui offrir des présents. Cette visite n'eut lieu, ensuite, que tous les quatre ans. C'était jusqu'ici la seule occasion qu'eussent les étrangers de voir quelque chose du Japon ; mais les récits de ces voyages, dont l'itinéraire est strictement et minutieusement fixé d'avance, se ressemblent tous. La députation, toujours surveillée, doit faire régulièrement la même route et s'arrêter aux mêmes stations. Cependant, comparativement à la vie plus que monotone des Hollandais de Dézima, ce voyage doit être pour eux d'un grand intérêt, surtout par les connaissances qu'ils y font. A Yeddo en particulier, où ils séjournent quelque temps, ils sont en relation avec une foule de personnages distingués, soit par leur rang, soit par leur science. Leur présence excite une curiosité extraordinaire ; les nobles dames japonaises elle-mêmes ne regardent pas comme au-dessous de leur dignité de venir leur rendre visite. Ils sont reçus chez les plus grands seigneurs de l'empire et il se fait des échanges de présents.

Plusieurs Japonais ont donné aux Hollandais des preuves d'une amitié sincère, accompagnée d'une exaltation qui est dans le caractère national, et qui, depuis le siècle dernier, s'est manifestée d'une façon assez originale pour mériter d'être rapportée. Quelques-uns, en effet, ont demandé comme une faveur spéciale de recevoir du président du comptoir un nom hollandais de son choix. De ce nombre étaient un puissant prince et d'autres grands de l'empire. C'est ainsi que de savants et graves personnages, un médecin de l'empereur et son astronome, furent flattés de s'entendre appeler, l'un *Botanicus*, et l'autre *Globius*.

Toutefois les Hollandais n'en sont pas quittes sans quelques humiliations. Il est permis de mettre dans ce nombre l'entrevue du président du comptoir avec l'empereur. Toute la cérémonie qui, du reste, ne dure pas plus d'une minute, consiste à faire le salut japonais à l'endroit convenu, en se prosternant de manière à ce que la tête touche la natte pendant quelques secondes, au moment où les mots : « Capitan Hollanda » sont prononcés à haute voix par un conseiller d'Etat. Le silence de mort qui règne dans la salle n'est interrompu que par l'espèce de léger bourdonnement ou murmure qui chez les Japonais exprime une profonde vénération. L'*opperhoofd* (président) se retire comme il s'est avancé, dans la plus humble attitude, le corps courbé jusqu'à terre ; en sorte qu'il ne peut, sans violer les lois du décorum japonais, rien voir distinctement de ce qui l'entoure, bien qu'il s'aperçoive du grand nombre de personnes présentes. (Fisscher, cité par M. de Jancigny dans le Japon de l'*Univers pittoresque*.)

Ce récit remonte seulement au commencement de ce siècle. En voici un plus ancien, de la plume du docteur Kaempfer, déjà nommé, qui était un des compagnons de l'opperhoofd.

« Nous entrâmes d'abord dans une grande salle qui est à la droite de la porte ; c'est là que toutes les personnes qui doivent être admises à l'audience de l'empereur ou des conseillers d'Etat attendent qu'on les introduise. C'est une salle fort grande et fort exhaussée ; mais lorsqu'on y a mis tous les paravents elle est assez sombre, ne recevant du jour que par les fenêtres d'en haut d'une chambre voisine où l'on tient des meubles, pour les appartements de l'empereur. La salle est d'ailleurs richement meublée à la manière du pays, et ses montants ou piliers dorés, ses murs et ses paravents, sont un objet fort agréable à l'œil.

« *Après avoir attendu là un peu plus d'une heure*, et l'empereur s'étant assis dans la salle d'audience, Sino-Bami et les deux commissaires entrèrent et conduisirent notre président devant l'empereur, nous laissant en arrière.

« Dès qu'il fut entré, ils crièrent à haute voix : « Hollanda Capitan ! » ce qui était le signal pour le faire approcher, afin qu'il rendît ses respects à l'empereur, et fît des protestations accoutumées : selon cet usage, *il se traîna avec les mains et les pieds* à l'endroit qui lui fut montré, entre les présents (offerts par lui) qui étaient arrangés d'un côté, et l'endroit où l'empereur était assis, qui était de l'autre. Alors, *se mettant à genoux, il se courba de sorte qu'il donna du front à terre, ensuite il se traîna à reculons comme une écrevisse*, sans proférer un seul mot. Il ne se passe pas autre chose aux audiences que nous obtenons de ce puissant monarque ; et l'on n'observe pas plus de cérémonies dans les audiences qu'il donne aux plus grands et plus puissants princes de l'empire : car après avoir été introduits dans la salle d'audience, on les appelle à haute voix par leur nom, après quoi ils s'avancent à quatre pattes avec un profond respect, et sans dire mot, vers le trône de l'empereur ; et après avoir fait leur acte de soumission, en courbant leur front jusqu'à terre, ils rampent à reculons dans la même posture soumise. »

Quelque chose de plus humiliant encore pour la dignité européenne, c'est une sorte d'audience particulière qui, anciennement, suivait la première, mais qui paraît maintenant, Dieu merci! être tombée en désuétude. Kaempfer nous en raconte une avec détails. Voici, en deux mots, comment elle se passait.

Après la réception officielle du président, il était conduit, avec ses compagnons, plus avant dans le palais, « pour donner à l'impératrice, aux dames de la cour et aux princesses du sang le *passe-temps* de voir ces étrangers. » Dans cette seconde audience, l'empereur et les dames qui y sont invitées se tiennent derrière des paravents et des jalousies; mais les conseillers d'Etat et les autres officiers de la cour sont assis à découvert selon leur manière accoutumée, (c'est-à-dire accroupis sur des nattes).

Après avoir donné la description de la salle où avait lieu cette audience, le narrateur continue en ces termes :

« C'est là que l'on nous fit asseoir, après que nous eûmes premièrement fait nos prosternations à la mode du Japon, *nous traînant et courbant nos têtes jusqu'à terre* du côté des jalousies où était l'empereur..... Après les premiers compliments, cette audience solennelle devint une vraie farce. On nous fit mille questions impertinentes et ridicules. Par exemple, ils voulurent premièrement savoir l'âge et le nom de chacun de nous ; on nous ordonna de l'écrire sur un morceau de papier : nous avions apporté, pour cet effet, une écritoire d'Europe. L'empereur nous commanda d'ôter nos capes ou nos manteaux, qui étaient nos habits de cérémonie ; de nous tenir debout, de sorte qu'il pût bien nous considérer ; de marcher ; de nous arrêter ; de nous complimenter l'un l'autre ; de sauter, de faire l'ivrogne, d'écouter le langage japonais, de lire en hollandais, de peindre, de chanter, de mettre et d'ôter nos manteaux. Tandis que nous exécutions de notre mieux les ordres de l'empereur, je joignis à ma danse une chanson comique en allemand. Ce fut de cette manière, et avec je ne sais combien d'autres singeries, que nous eûmes la patience de divertir l'empereur et toute sa cour. Cependant l'ambassadeur lui-même est dispensé de ces sortes de représentations ; sa fonction, qui est de représenter l'autorité de ses maîtres, fait qu'on prend garde qu'il ne lui soit rien fait d'injurieux ni qui puisse préjudicier à cette qualité. D'ailleurs, il fit paraître une si grande gravité dans son air et dans sa conduite que cela suffisait pour faire entendre aux Japonais qu'il n'était pas homme à jouer le rôle de bouffon.

« Après qu'on nous eût fait faire cet exercice *pendant l'espace de deux heures,* quoique avec beaucoup de civilité en apparence, des valets rasés entrèrent, et mirent devant chacun de nous une petite table couverte de viandes à la japonaise et une paire de petits bâtons d'ivoire qui nous tenaient lieu de couteaux et de fourchettes ; nous mangeâmes quelque peu de ces mets, et notre premier interprète, vieillard qui à peine pouvait marcher, eut ordre d'emporter le reste pour lui. On nous dit de remettre nos manteaux sur nous, et de prendre notre congé, ce que nous fîmes aussitôt, heureux de metre fin à cette seconde audience. »

« Voilà donc comment l'Europe était représentée au Japon il y a cent cinquante ans ! Voilà le prix auquel des hommes chez qui le sentiment de la nationalité dominait en apparence tous les instincts de notre nature, ne rougissaient pas d'acheter la protection réclamée par leurs intérêts commerciaux ! Kaempfer, tout en reconnaissant combien le rôle que les Hollandais étaient appelés à jouer à la cour d'Yeddo avilissait le caractère européen, ne s'en montrait pas moins disposé lui-même à payer par d'humiliantes complaisances, par des bouffonneries dégradantes, l'accueil comparativement poli et empressé qu'on faisait aux Hollandais. En vérité, il faut répéter avec lui : *Quid non mortalia pectora cogis, auri sacra fames !* Maudite soif de l'or ! jusqu'où n'abaisses-tu pas des cœurs d'hommes ! et s'étonner en même temps, que lui, du moins, n'ait pas eu le courage de s'abstenir de ces bassesses[1] ! »

[1] M. de Jancigny.

Il est bien rare que les habitants de la factorerie de Dézima obtiennent la liberté de faire quelques excursions dans les environs de Nagasaki. Il faut, pour cela, demander vingt-quatre heures à l'avance une permission spéciale du gouverneur de la ville. Cette grâce obtenue, le malheureux promeneur doit traîner à sa suite vingt ou trente interprètes, agents de police et autres surveillants, qu'il est tenu d'entretenir et de régaler. Ceux-ci, à leur tour, peuvent inviter autant de leurs amis et connaissances qu'il leur plaît, toujours aux frais de celui qui a voulu jouir des charmes d'une pittoresque nature. Pour achever le cortége, des troupes de bambins japonais, à la tête rasée, mais assez semblables du reste à nos gamins d'Europe, courent et sautent autour d'eux, en criant de toute la force de leurs poumons : « Hollanda ! Hollanda ! »

On conçoit que de telles promenades ne peuvent être souvent recommencécs.

Cette petite esquisse donne une idée de ce qu'a été la vie acceptée par les Hollandais au Japon depuis plus de deux cents ans. Il nous semble que c'est payer cher le monopole du commerce, auquel ils sont parvenus après tant d'efforts !

III. — LES ANGLAIS.

Les Anglais, à leur tour, se mirent en route pour le Japon.

Une des lettres d'Adams était parvenue à la connaissance de quelques membres de la *Respectable association des marchands de Londres pour le commerce des Indes orientales*, devenue, depuis cette époque, la célèbre *Compagnie des Indes*. Un vaisseau fut aussitôt équipé et dépêché au Japon. Il était commandé par le capitaine John Saris, chargé de présents et d'une lettre pour le siogoun, de la part du roi Jacques Ier.

Le navire aborda à Firando en juin 1613. Il fallait parcourir une distance de 1332 kil. pour arriver à Yeddo. Adams vint à la rencontre du capitaine et de quelques officiers, puis les introduisit auprès de l'empereur, dont ils reçurent un accueil gracieux.

Leur demande leur fut accordée de la manière la plus libérale. Les concessions et les priviléges qu'ils obtinrent dépassent de beaucoup ce que l'expédition américaine vient, pour ainsi dire, d'arracher aux autorités japonaises. Ce fait prouve surabondamment que la politique de l'empire n'était pas exclusive alors comme elle l'est devenue depuis.

Il ressort de tous les détails de ce temps-là que les Européens n'ont qu'à s'accuser eux-mêmes de ce rigoureux système d'exclusion qui a si longtemps tenu fermés à toutes les nations civilisées les ports de cet immense empire. Ce ne fut que lorsque les Japonais s'aperçurent qu'on conspirait pour leur enlever leur patrie qu'ils eurent recours à ces moyens de défense. Quel que soit notre jugement sur le choix et la valeur de ces moyens, personne ne mettra en question le droit des Japonais de garder leur pays pour eux.

Il n'y a pas de détails intéressants à donner sur la factorerie anglaise qui s'établit alors à Firando, près de celle des Hollandais, tandis que les Portugais, hostiles aux deux nations protestantes, résidaient à Dézima.

Au bout de quelques années, la Compagnie des Indes trouvant sans doute les avantages de cet établissement trop peu considérables, ferma ses comptoirs et rappela ses employés. Les Anglais quittèrent le Japon avec une réputation sans tache et l'estime de ceux auxquels ils avaient eu affaire. C'était vers le début de la sanglante persécution des chrétiens.

Que fût-il advenu du Japon si les Anglais y étaient restés? — On en est réduit à des suppositions, dans lesquelles il est inutile de s'égarer.

Treize ou quatorze ans après, une petite escadre envoyée d'Angleterre tenta de renouer au Japon les anciennes relations. Mais l'accueil peu gracieux qui lui fut fait à Nagasaki, seul port alors ouvert aux étrangers, la décida à s'en aller sans avoir atteint son but. — C'est aux Hollandais que doit être attribué cet échec.

Ils étaient en train de devenir tout-puissants dans les colonies de l'Orient. Etablis à Amboine et à Timor sur les ruines de la domination portugaise, fortifiés à Batavia, maîtres des Moluques, de Ceylan, des côtes de Malabar et de Coromandel, ils n'étaient pas, on le comprend, disposés à souffrir le voisinage d'une nation rivale.

L'Angleterre, d'ailleurs, traversait alors une sombre période de guerres civiles sous le règne de Charles Ier, temps peu favorable aux grandes entreprises commerciales. La Compagnie des Indes ne fit donc pas de grands efforts pour venir à bout de son dessein. Il fallait attendre un temps de paix et de sécurité, sous un gouvernement bien établi.

Ce ne fut que longtemps après, en 1673, que l'Angleterre vint de nouveau frapper à la porte de l'*hermétique empire*, comme elle l'appelait ; et le journal où sont retracés les incidents de cette expédition fait ressortir d'une manière frappante les trois traits distinctifs du caractère des Japonais : circonspection remarquable ; — extrême opposition à l'introduction d'étrangers parmi eux ; — haine inextinguible pour les Portugais.

La Compagnie des Indes était devenue puissante et comptait parmi les pouvoirs souverains en Orient. C'était sous le règne de Charles II, marié, comme on le sait, à une princesse de la famille royale de Portugal. Ce fait, que les Hollandais ne manquèrent pas de communiquer aux Japonais, suffit pour que le navire anglais fût regardé dès l'abord avec une méfiance plus qu'ordinaire.

Voici quelques fragments des conversations qui eurent lieu entre les Anglais et des officiers indigènes, et que nous rapporte le journal tenu par le capitaine du *Retour* ; — c'était le nom du vaisseau anglais.

« — Êtes-vous Anglais ?

« — Oui. Nous sommes venus ici avec la permission de notre souverain, le roi d'Angleterre, pour chercher à rétablir les relations de commerce que nos compatriotes avaient commencées avec vous, et qui ont été interrompues il y a cinquante ans. Nous avons des lettres de notre roi et de la Compagnie des Indes pour S. M. l'empereur du Japon.

« Le gouverneur nous fit ensuite demander, par l'interprète, si l'Angleterre était en paix avec l'Espagne et la Portugal; — si notre roi était marié depuis longtemps; — s'il était né des enfants de ce mariage; — quelle était notre religion; — enfin, de quelle nature était la cargaison du navire.

« Nous répondîmes que, dans ce moment, nous étions en paix avec tout le monde; — que notre roi, marié depuis onze ans, n'avait pas d'enfants; que, quant à la religion, nous étions chrétiens, comme les Hollandais, mais non pas papistes, enfin que notre cargaison se composait de toute espèce de marchandises.

« A l'entrevue suivante, le gouverneur nous demanda :

— « Quelle est la religion des Portugais? Ne les appelle-t-on pas catholiques romains? N'adorent-ils pas les images d'une femme qu'ils appellent *Santa Maria*, et d'un homme qu'ils appellent *Santo Christo?* Combien d'autres saints ont-ils encore?

« — Nous ne connaissons pas assez la religion catholique pour répondre à cette dernière question.

« — Et vous, qu'est-ce que vous adorez? N'avez-vous pas des images, comme les Portugais?

« — Non. Nous sommes des protestants. Nous

n'adressons nos prières qu'au seul Dieu tout-puissant, créateur du ciel et de la terre, qui remplit toutes choses de sa présence. Nous ne faisons jamais d'image ni de figure pour le représenter.

« — Dites-nous qui sont ce *Santo Christo* et cette *Santa Maria.*

« — Le premier est le Fils de Dieu, et le Sauveur des hommes : nous l'adorons. L'autre est la Vierge Marie : nous ne lui adressons jamais de prières.

« Il nous fit plusieurs questions du même genre ; puis, s'apercevant que le pavillon britannique venait d'être hissé, il nous demanda à l'instant :

— « Pourquoi hissez-vous votre drapeau aujourd'hui pour la première fois, depuis tant de jours que vous êtes ici?

« — Parce que c'est aujourd'hui dimanche, et que chaque premier jour de la semaine est une fête pour nous.

« La croix de Saint-George sur notre étendard inquiéta beaucoup les Japonais, et devint le sujet d'un nouvel interrogatoire. Ils craignaient qu'il n'y eût là quelque rapport avec les Portugais ; et, malgré toutes nos explications, il nous fut conseillé, sinon ordonné, de ne plus hisser le pavillon aux armes britanniques, que le peuple prenait pour un insigne du Portugal.

« Enfin, après bien des négociations, arriva la réponse de l'empereur, qui refusait péremptoirement d'entrer en communication avec nous. Il fallut nous retirer, sans obtenir même la permission de disposer de la cargaison du navire. — L'empereur persista dans son refus, dont la raison donnée fut toujours l'alliance des Anglais avec le Portugal. »

Malgré l'insuccès de cette tentative, les Anglais en firent plusieurs autres, à diverses reprises ; mais la résolution du gouvernement japonais fut inébranlable. Présents et marchandises furent également repoussés, bien qu'avec politesse, et l'empire du Soleil demeura enfermé dans ses infranchissables barrières, jusqu'au moment où elles durent tomber devant l'énergique et persévérante volonté des Américains.

IV. — LES RUSSES.

Disons quelques mots encore des rapports de la *Russie* avec le Japon.

Les premiers efforts tentés par la Russie, pour obtenir un pied-à-terre au Japon, ne datent que de la fin du siècle dernier.

Par ses possessions en Asie, sa colonie de Sitka sur le territoire américain, et son occupation de quelques-unes des Kouriles qui appartenaient autrefois au Japon, elle se trouve entourer de presque tous les côtés ce grand et important pays, dont la possession lui donnerait la prépondérance dans l'océan Pacifique. Mais un tel résultat, auquel la politique russe semble travailler sans bruit depuis longtemps, serait contraire aux intérêts des autres nations.

Il y a soixante-dix ou quatre-vingts ans qu'un vaisseau japonais vint échouer sur l'une des îles Aléoutes, qui appartiennent à la Russie. L'équipage, auquel on porta secours, fut conduit dans la ville russe d'Ochotz ou Irputzk, et retenu là pendant dix ans. Il est hors de doute que le but de cette mesure fut de mettre les Russes en état d'apprendre la langue des Japonais captifs. Cela semblait peu de chose, mais pouvait avoir une assez grande portée.

Au bout de ces dix ans, on découvrit qu'il serait humain de renvoyer les pauvres exilés dans leur pays.

L'entrée devait leur en être refusée, — ce que les Russes ne prévoyaient pas, — et, par le fait, il en eût été de même si on les eût aussitôt renvoyés. Ainsi le veut la coutume japonaise ; — ce qui n'excuse pas le long retard apporté à cette mesure d'humanité.

L'impératrice Catherine chargea le gouverneur de la Sibérie de faire conduire les naufragés dans leur pays, et d'essayer par leur moyen d'établir là quelques relations utiles aux deux nations. Un lieutenant russe, nommé Laxmann, fut l'agent employé par le gouverneur, qui le munit de lettres de créance et de présents convenables, en lui défendant expressément d'user d'aucun intermédiaire anglais ou hollandais dans cette affaire.

Le vaisseau russe, parti dans l'automne de 1792, atteignit, pour y passer l'hiver, un des ports de la côte septentrionale de l'île de Yézo ; au printemps de l'année suivante, il continua son voyage, et vint jeter l'ancre à Hakodadi, au sud de la même île.

Les Japonais refusèrent poliment, mais péremptoirement, de recevoir leurs compatriotes, déclarant que les lois du pays s'y opposaient. Ils avertirent même Laxmann qu'en abordant ailleurs qu'à Nagasaki, seul port du royaume désigné aux étrangers, il s'était exposé, lui et tout son équipage, à un emprisonnement perpétuel. Cependant, en considération de leur ignorance de cette loi, et de leurs bons procédés à l'égard des Japonais naufragés, on voulut bien ne pas user de rigueur, à la condition d'un prompt départ et de la promesse, faite par le gouverneur russe, de ne jamais renouveler une pareille tentative.

Plus tard, toutefois, en 1804, l'empereur Alexandre voulut tenter encore un effort. Il envoya à Nagasaki un navire, qui portait un ambassadeur spécial, le comte de *Resanoff*. Celui-ci, à peine arrivé, se montra peu propre à la mission délicate dont il était chargé.

Il débuta, dans ses rapports avec les employés japonais, par une dispute ridicule sur un point d'étiquette, et se refusa positivement à laisser désarmer son vaisseau, suivant l'usage établi, quoiqu'il eût déjà remis aux Japonais toutes les munitions de guerre.

Bref, par différents traits de ce genre, il réussit à indisposer tout le monde contre lui, — si bien que lorsqu'il put enfin se rendre à Nagasaki pour y recevoir la réponse de l'empereur, toutes les rues par lesquelles il devait passer furent tendues d'immenses rideaux, de manière à ce que l'étranger ne pût rien voir de la ville. Quant aux habitants, il leur fut défendu de se laisser apercevoir. On ne peut s'empêcher de penser que les Japonais prenaient un certain plaisir à mortifier l'ambassadeur russe, bien qu'ils affectassent pour sa personne la plus grande politesse.

La réponse du siogoun aux ouvertures qui venaient de lui être faites fut décisive :

« Autrefois, disait-il, notre empire était en rapports avec d'autres nations, mais l'expérience nous a montré qu'il est plus sûr d'adopter le principe opposé. Nous n'avons jamais eu jusqu'ici de communications avec les Russes. Il y a environ dix ans, vous avez voulu nous ramener quelques Japonais naufragés, et vous nous avez fait des propositions d'alliance. Vous venez maintenant les renouveler. Cela prouve seulement que la Russie a une forte inclination pour le Japon. Mais, depuis longtemps, nous avons discontinué toute relation avec les étrangers : ainsi votre peine et vos voyages sont inutiles. Toute alliance entre vous et nous est impossible, et *ma volonté impériale est que vous ne reparaissiez plus dans les eaux du Japon.* »

Resanoff partit furieux, se promettant de tirer vengeance de ce qu'il considérait comme un affront. En passant au Kamtschatka, il donna ordre à un ou deux officiers de marine de faire une descente sur les îles au nord du Japon. Lui-même se rendait à Saint-Pétersbourg; mais il mourut dans le voyage.

Plusieurs vaisseaux russes se dirigèrent donc sur l'une des îles Kouriles, qui appartenaient au Japon. L'empire avait possédé autrefois l'archipel tout entier; mais, depuis un certain temps, les Russes, par force et par ruse, s'étaient emparés de toutes les îles du nord. Ce fait, selon toute probabilité, était resté inconnu à Yeddo, le prince des îles conquises, ainsi que son entourage d'espions, ayant craint la colère de l'empereur et le châtiment qui n'eût pas manqué de tomber sur eux.

La position de ces îles faisait, au reste, leur seule valeur; mais c'est justement à cause de cette position que la Russie les convoitait.

C'est donc sur l'une des Kouriles méridionales que les officiers russes Chwostoff et Dawidoff débarquèrent pour exercer sur une population inoffensive les cruelles représailles méditées par Resanoff, pillant les villages, tuant quelques-uns des habitants, en emmenant d'autres, prisonniers sur leurs vaisseaux.

Ceci se passait en 1807.

La nouvelle de ces événements remplit la cour japonaise de surprise et d'indignation, et l'on chercha, par l'intermédiaire des Hollandais, à s'assurer si l'empereur de Russie les avait autorisés.

Lorsque, quelques années après, un autre officier russe, le capitaine Golownin, chargé ostensiblement d'une inspection géographique du groupe des Kouriles, et probablement aussi d'une mission secrète, débarqua sur l'île Eeterpoo, il fut aussitôt accosté par un officier japonais, qu'il ne s'attendait pas à trouver sur le territoire kourile.

On lui demanda s'il avait l'intention de traiter les habitants d'Eeterpoo comme Chwostoff et Dawidoff avaient traité ceux d'une autre de ces îles; et Golownin n'eut d'autre parti à prendre que de regagner promptement son vaisseau.

Il s'efforça vainement de faire comprendre que ses intentions n'avaient rien d'hostile. Attiré peu après, par l'adresse des Japonais, dans une embuscade avec quelques-uns de ses amis, ils furent aussitôt faits prisonniers. On ne leur cacha pas qu'en agissant ainsi, on voulait simplement user de représailles pour les indignités qui avaient signalé le ressentiment de Resanoff. Le capitaine Golownin cependant, dans le récit qu'il a laissé de ses aventures et de sa captivité, rend justice à la bienveillance et à la générosité des Japonais. Il ne fut relâché qu'au bout de deux ans à peu près, lorsque le gouvernement japonais eût reçu de la part du czar un désaveu officiel et satisfaisant de l'injure qui lui avait été faite par Chwostoff et Dawidoff.

Golownin repartit, porteur d'une note signifiant aux Russes qu'ils eussent désormais à renoncer à toute espérance d'entrer en communication avec le Japon.

Cette tentative fut donc la dernière de leur part jusqu'au moment où l'expédition américaine, leur ouvrit comme aux autres puissances de l'Europe l'accès de l'*empire fermé*.

V. — LES AMÉRICAINS.

Les quelques tentatives faites par les Américains pour franchir les barrières dont s'entourait le Japon sont toutes de date récente.

Dans l'année 1831, une jonque japonaise, poussée loin du bord par une tempête, vint aborder sur la côte occidentale de l'Amérique, après avoir été longtemps ballottée sur l'Océan.

Les naufragés furent accueillis et transportés plus tard à Macao, où ils trouvèrent secours et protection de la part des résidents anglais et américains. On voulut les ramener dans leur patrie. Peut-être ignorait-on la sévérité des lois japonaises, ou plutôt l'on supposait que ceux qui se rendaient au Japon dans un but si évident d'humanité n'y seraient pas maltraités. Toujours est-il qu'un vaisseau marchand fut équipé, et envoyé au Japon dépourvu d'armes et de munitions, pour qu'on ne pût se méprendre sur le but pacifique du voyage.

Arrivé dans la baie d'Yeddo, en 1837, le navire fut aussitôt visité ; quand les officiers japonais se furent assurés qu'il était entièrement sans défense, ils ne dissimulèrent pas leur mépris, et le firent, dès le lendemain, attaquer par des décharges d'artillerie. Le bâtiment américain leva l'ancre ; et, après avoir tenté d'aborder à Kagosima, ville principale de l'île de Kiousiou, où il eut à essuyer aussi le feu d'une batterie, le commandant se vit contraint d'abandonner la partie. Il ramena à Macao les malheureux Japonais expatriés.

Après un second essai tout aussi infructueux, l'escadre américaine des mers de la Chine fut informée que seize marins des Etats-Unis, ayant fait naufrage sur la côte d'une des îles japonaises, y étaient dès lors retenus prisonniers.

Un vaisseau y fut aussitôt dépêché pour obtenir leur élargissement. Mais, au moment où il entrait dans la rade de Nagasaki, il se trouva entouré d'une foule de grands bateaux montés par des indigènes qui lui commandaient de s'éloigner, et qui tentèrent même de l'empêcher d'avancer. Le *Preble* (c'était le nom du bâtiment), poussé par une forte brise, put cependant franchir cette barrière improvisée, et jeter l'ancre dans une position favorable.

Le commandant Glynn était bien décidé à ne pas repartir sans avoir obtenu ce qu'il demandait, et à ne pas se laisser intimider par le nombre considérable de soldats que des barques amenaient de moment en moment. Le rivage élevé qui entoure le port était littéralement couvert de troupes, et l'on apercevait par intervalles, sur ces hauteurs, des batteries de grosse artillerie, comptant en tout au moins soixante canons.

Les négociations commencèrent aussitôt au sujet des infortunés marins, enfermés depuis dix-sept mois, et traités avec une grande rigueur. En les emprisonnant, on les avait, sous peine de mort, forcés de fouler aux pieds le crucifix, symbole du papisme qu'on désignait comme *le diable du Japon*.

Les Japonais répondirent aux premières demandes du commandant américain par une indifférence affectée. Voyant que ce moyen ne réussissait pas, ils recoururent bientôt à leur politique évasive. Le capitaine Glynn leur déclara alors, avec la rude franchise d'un marin et dans les termes les plus clairs, qu'ils eussent à délivrer immédiatement leurs prisonniers. En cas de refus, on saurait bien les y forcer, le gouvernement auquel appartenaient ces hommes ayant le pouvoir et la volonté de protéger partout ses nationaux.

L'effet de ce langage énergique fut de faire changer de ton aux Japonais. Ils s'engagèrent immédiatement à ce que, deux jours après, les hommes fussent conduits à bord, et ils tinrent leur promesse.

Ce que nous allons raconter dans ce volume est l'histoire du récent effort tenté par les Etats-Unis. Ces détails préliminaires étaient nécessaires pour faire bien comprendre au lecteur, dans leurs traits principaux, les rapports essayés ou réalisés jusqu'ici entre les nations civilisées et l'étrange royaume qui vient enfin d'être ouvert à la vie commune des peuples.

II

Le coup d'œil que nous venons de jeter en arrière nous montre le vaste empire japonais, isolé depuis près de trois siècles, et rendu, pour ainsi dire, inabordable, par la volonté bien arrêtée d'un gouvernement éclairé, mais persuadé que cette mesure était la plus propre à conserver l'indépendance et la nationalité de ses citoyens.

Le caractère de ce peuple se prête merveilleusement à ce système. Ennemis de tout changement, de tout progrès, les Japonais d'aujourd'hui vivent exactement comme ont vécu leurs pères. Il n'est jamais question là d'une mode qui passe. Les Hollandais eux-mêmes, pour complaire à cette stabilité de goûts et d'idées, ont été obligés de garder jusqu'à aujourd'hui le même costume qu'ils y avaient apporté il y a deux cents ans.

Bien des regards, depuis le commencement de ce siècle, se tournèrent cependant sur le Japon. Ce riche et brillant archipel ne pouvait rester longtemps en dehors des communications de jour en jour plus rapides et plus fréquentes de peuple à peuple. Sa situation géographique rendait particulièrement désirable l'accès de quelques-uns des ports de ses côtes inhospitalières, où les navires traversant les mers de l'Orient, pussent trouver un refuge. Des peuples chrétiens, d'ailleurs, ne devaient-ils pas faire tous leurs efforts pour renverser les barrières derrière lesquelles s'abritent et se retranchent des millions d'âmes humaines auxquelles on ne peut faire parvenir le moindre rayon de la lumière évangélique?

Le moment semblait venu d'obtenir par des négociations amicales, et, au besoin, par la force, que le gouvernement japonais se résolût à abroger des lois absurdes qui, de nos jours, n'ont plus de raison d'être. Les États-Unis d'Amérique se trouvaient naturellement, par l'expansion de leur commerce dans l'océan Pacifique, au premier rang de ceux qui pouvaient désirer ce changement. Ils avaient, en outre, beaucoup plus de chances de succès que la plupart des autres puissances.

Les nations européennes avaient toutes le désavantage d'avoir laissé aux Japonais des souvenirs plus ou moins fâcheux de leurs premières expéditions dans cet empire.

Ainsi le Portugal, par ses perfides intrigues, leur avait fait une impardonnable offense. — L'Angleterre, après avoir eu un établissement dans le pays, y avait renoncé de son plein gré ; et plus tard, un de ses rois avait épousé une princesse de Portugal. — La Russie avait pris possession de quelques-unes de leurs îles, avait excité des soupçons à l'égard de ses intentions ultérieures, et, comme l'avait dit le siogoun, *semblait avoir une inclination bien forte pour le Japon*. — La Hollande, de son côté, s'était, depuis deux siècles, si tranquillement soumise aux humiliations les plus dégradantes, que ses représentants ne pouvaient avoir grande influence lorsqu'il s'agissait d'obtenir quelque concession ou de nouveaux priviléges.

Le nom des Etats-Unis était au moins exempt, dans l'esprit des Japonais, de toute association d'idées qui pût les irriter et mettre obstacle à une nouvelle entreprise.

Ce fut le commodore *Perry*, officier de marine distingué, qui le premier s'empara de l'idée d'une expédition américaine et en plaida la cause avec chaleur auprès de son gouvernement. Il avait étudié à fond l'histoire du peuple japonais, et conçu, d'après cela, le plan du plus formidable assaut qu'eussent encore subi les préjugés et la politique traditionnelle de cette nation. — En soumettant son projet au gouvernement, il insistait sur une prompte exécution.

Sa proposition fut reçue favorablement. Aussitôt il fut décidé qu'on mettrait à sa disposition et à ses ordres une escadre d'environ douze navires. Mais, par des malentendus et diverses causes de retard, la petite flotte se trouva réduite à quatre vaisseaux, les autres devant suivre plus tard et rejoindre le commodore. Pour lui, il partit le 24 novembre 1852, à bord du *Mississipi*.

La nouvelle de cette expédition excita un grand intérêt dans les cercles scientifiques et littéraires. De tous les coins du monde civilisé arrivèrent des demandes d'admission. Mais, pour une raison ou pour une autre, toutes ces requêtes rencontrèrent un refus. Les membres de l'expédition eux-mêmes furent soumis à des conditions sévères. Il leur fut interdit de communiquer aucun détail aux feuilles publiques, et même à leurs amis, dans des lettres particulières. Tout journal ou mémorandum tenu par eux sur les vaisseaux devait être considéré comme propriété du gouvernement, qui pouvait seul donner plus tard l'autorisation d'en publier quelque chose. Le but de ces règlements était d'empêcher que ces détails ne parvinssent aux autres puissances, dont l'intervention eût pu nuire au succès de l'entreprise.

Le commodore Perry partit, comme nous l'avons vu, la veille de Noël de 1852. Il suivit la route de Madère, Sainte-Hélène, le cap de Bonne-Espérance, l'île Maurice, Ceylan, Syngapore, et arriva à *Shanghaï*, sur les côtes de la Chine, au commencement d'avril 1853.

Il trouva là quelques-uns des vaisseaux qui devaient faire partie de son escadre, et se transporta lui-même sur le *Susquehanna*, pour faire voile sur *Napha*, le principal port des îles Liou-Kiou, désigné pour le rendez-vous général. — On se munit, entre autres provisions de voyage, de cinq tonnes de monnaie chinoise, destinée à être employée pendant le séjour, un peu long peut-être, qu'on prévoyait aux îles Liou-Kiou.

Les vaisseaux quittèrent Shanghaï et le Céleste Empire par une magnifique journée. L'aspect brillant et animé des bords de la rivière, couverts d'une foule de spectateurs; la musique joyeuse des troupes et l'enthousiasme général semblaient d'un heureux présage pour le succès de l'expédition.

Les îles Liou-Kiou, sans faire partie du Japon proprement dit, en sont comme les avant-postes. C'est pour cela que les premiers efforts qu'on voulut tenter s'adressèrent aux autorités de Napha. Le succès, de ce côté-là, devait nécessairement faciliter l'entreprise essentielle. Aussi toutes les mesures étaient-elles prises pour que, si les moyens de douceur ne suffisaient pas, on pût s'emparer d'une de ces îles, non pas en qualité de territoire conquis, mais comme d'une garantie matérielle. Heureusement il ne fut pas nécessaire d'en venir là.

Ce fut le jeudi 26 mai que l'escadre put tranquillement jeter l'ancre dans le havre de Napha, premier point atteint du territoire japonais. Car, malgré les doutes qui s'élèvent encore sur la question de savoir à quelle puissance appartient le groupe des Liou-Kiou, les habitants, par leur langage, leurs mœurs, leurs coutumes, leurs lois, leurs vertus et leurs vices, se rattachent évidemment au Japon.

La grande île Liou-Kiou, dont s'approchaient les vaisseaux, leur présentait un aspect attrayant et pittoresque. Au moment de l'entrée dans le port, on aperçut le pavillon britannique flottant auprès d'une maison singulièrement perchée sur une pointe de roc, du côté nord de la ville ; c'était la résidence d'un missionnaire, juif de naissance, converti au christianisme. Le docteur *Bettelheim* habitait là depuis cinq ou six ans, sous les auspices d'une association de quelques officiers de la marine anglaise, mais — il est triste de le dire — il n'avait aucun succès auprès des indigènes, qui allaient jusqu'à se boucher les oreilles pour ne pas entendre ses discours.

Deux personnes, au pied du drapeau, guettaient évidemment l'arrivée de l'escadre. A l'aide du télescope, on apercevait encore une foule de gens qui, abrités sous de grands parasols blancs, accouraient hors de la ville.

A peine les bâtiments avaient-ils jeté l'ancre qu'ils furent abordés par deux officiers indigènes, montés sur une petite barque. En arrivant sur le pont du navire, ils s'inclinèrent à plusieurs reprises, tandis qu'ils présentaient un rouleau de papier rouge du Japon, long de près d'un mètre. Ils étaient vêtus d'amples et longues robes d'une étoffe très fine, l'une bleue, l'autre couleur saumon. Leurs bonnets étaient d'une forme oblongue et d'un jaune brillant. Ils portaient des sandales blanches et des ceintures bleues. Ces deux hommes, de trente cinq à quarante ans, avaient tout à fait le type de physionomie des Japonais : le teint d'un olive foncé, la barbe longue et noire, mais assez rare.

Il fallut quelque temps avant qu'on se fût rendu compte du but de leur visite, car il ne se trouvait pas d'interprète à bord ; mais un des domestiques chinois du commodore savait assez de japonais pour comprendre que cette visite était simplement un *chin chin*, ou salutation polie de bienvenue sans caractère officiel. Le commodore cependant, agissant d'après un plan qu'il s'était tracé, refusa de les voir, ne voulant donner réception qu'à l'un des principaux dignitaires de l'île. Nos visiteurs retournèrent donc à terre. Ils avaient été envoyés sans doute pour observer tout ce qu'ils pourraient des nouveaux venus, afin que la police prît des mesures en conséquence. Le docteur Bettelheim vint ensuite, tout joyeux de l'arrivée de l'escadre : il y avait dix-huit mois que nul vaisseau étranger n'avait paru à Napha.

Le lendemain, les rivages de l'île parurent encore plus beaux qu'au premier moment ; tous ceux qui étaient à bord furent frappés de l'aspect enchanteur du pays, par une belle journée de mai. Dès le matin, les bateaux japonais entouraient les vaisseaux, offrant des présents qui consistaient en un jeune bœuf, plusieurs porcs, une chèvre blanche, de la volaille, des légumes et des œufs. Mais tout cela fut rigoureusement refusé, ainsi que la permission de monter à bord. Les indigènes désappointés s'en retournèrent à la ville, l'air assez inquiet, et mal à leur aise. Quelques-uns de leurs bateaux sortirent du port dans la journée, faisant voile vers le nord, dans la direction du Japon, sans doute pour y porter les nouvelles. Il était évident que la présence de l'escadre causait une grande alarme dans le pays, où l'on n'avait jamais vu de pareils vaisseaux et une si grande force.

Ce jour avait été désigné pour une première exploration de l'île. On voulait recueillir quelques spécimens des animaux, des plantes, des minéraux de la contrée, et disposer un endroit pour y établir un appareil de daguerréotype. Le même jour une petite embarcation fut mise à la mer pour examiner le port, dans le lit duquel s'élèvent des forêts de corail d'une merveilleuse beauté. Nous ne pouvons mieux faire que de citer la description de cette scène de paysage sous-marin telle que l'a conservée l'un de ceux qui en ont été témoins.

« La marée était basse et l'eau très peu profonde sur toute l'étendue du récif. Nous trouvâmes cependant un étroit canal, serpentant entre ces bosquets au merveilleux feuillage qui faisaient penser aux descriptions des contes de fées, et nous pûmes descendre sur le roc spongieux qui s'élevait d'un pied environ au-dessus de l'eau. Tous les lacs en miniature qui en couvraient la surface étaient peuplés d'une multitude de crabes, d'insectes, d'étoiles de mer et de petits poissons du bleu le plus éclatant. Nous trouvâmes de superbes coquillages attachés au corail, mais tous nos efforts pour nous emparer d'un des poissons bleus restèrent sans succès.

« La marée se retirait avec rapidité, menaçant de laisser notre bateau à sec au bout de quelques instants, Cependant nous ne pouvions nous résoudre à nous éloigner de ces bancs de corail, tant nous étions enchantés des formes et des couleurs splendides de cette féerique végétation des mers. Le corail avait crû là en bancs arrondis, au sein des espaces profonds et limpides de l'eau transparente. On aurait dit des rangées de collines réfléchissant dans le lac le plus pur, leurs forêts parées du feuillage rougissant de l'automne. Les teintes les plus riches du bleu, du violet, d'un vert pâle, du jaune, du blanc éclatant, scintillaient à travers les vagues ; et l'on apercevait les productions les plus variées de la vie végétale groupées le long des rochers qui se penchaient sur les abîmes creusés par les courants sous-marins.

« A travers ces passages et parmi les rameaux des bosquets de corail, les poissons bleus circulaient çà et là comme des flèches de lapis-lazuli ; tandis que d'autres, d'une brillante couleur d'émeraude et dont la queue et les nageoires semblaient poudrées d'or, échappaient à notre chasse, pareils à l'oiseau vert des contes arabes.

« Bien loin, dans les sombres profondeurs de l'eau , nous voyions de temps à autre apparaître quelque grand poisson brun à l'entrée de la forêt de corail, comme pour en guetter les brillants petits hôtes.

« La transparence de l'eau était si grande que l'œil s'y trompait et n'en pouvait mesurer la profondeur. Il nous semblait par moments être suspendus dans les airs entre les cimes de deux forêts opposées ; d'autres fois nous aurions pu nous croire arrêtés sur les sommets touffus d'un bois élevé. — Parmi tous les spectacles maritimes qui ont pu fournir des sujets à la poésie et à la fable, rien assurément de plus merveilleux ne s'est offert à des regards humains. »

Au bout de quelques jours, on apprit que les autorités de Napha se proposaient de visiter le navire américain. On fit chercher le docteur Bettelheim, pour qu'il fût témoin de l'entrevue, et les Américains firent expliquer au maire de la ville la raison pour laquelle les présents offerts avec tant de courtoisie avaient dû être refusés.

Vers une heure après midi, le 30 mai, une barque japonaise amena à bord du *Susquehana* les dignitaires *liou-kiouens*. L'équipage était en grande tenue pour les recevoir ; on avait tout préparé pour produire sur eux une impression favorable.

Un des simples officiers monta le premier à bord, avec la carte de son supérieur que l'interprète reçut et lut. Quelques minutes après, le régent des îles, vénérable vieillard, apparaissait sur le pont, appuyé sur deux de ses officiers. Les capitaines Buchanan et Adams le reçurent là. Le régent salua à la mode du pays, en joignant les mains sur sa poitrine et en pliant son corps jusqu'à terre, tandis qu'il détournait la tête de la personne à qui il s'adressait.

Le prince, au nom duquel il gouvernait, était malade ; c'était d'ailleurs un enfant de onze ans.

Aussitôt que le régent et sa suite, composée de six à huit officiers et d'une douzaine de subordonnés, furent arrivés sur le pont, on les salua par trois coups de canon. Quelques-uns d'entre eux furent tellement saisis de cette détonation inattendue qu'ils tombèrent instantanément sur leurs genoux.

Un des traits les plus remarquables des visiteurs était leur imperturbable gravité. Il était évident que leur curiosité était intense, et même mélangée d'un peu de crainte. Cependant ils réussirent à conserver une grande dignité de manières et de conduite.

On leur fit visiter le vaisseau ; mais, après avoir observé tout avec une indifférence affectée, quand ils se trouvèrent en présence de la machine à vapeur, il ne leur fut plus possible de se contenir. On voyait qu'ils avaient rencontré là quelque chose qui dépassait leurs facultés de compréhension. Ils paraissaient pourtant plus intelligents que les Chinois ; leurs traits étaient beaucoup plus agréables aussi, tout leur extérieur plus propre et plus soigné.

Jusqu'à ce moment, la petite troupe des *Liou-Kiouens* n'avait pas encore vu le commodore. On vint les informer qu'ils allaient être admis en sa présence, et on les conduisit à sa cabine. A l'instant où le régent parut sur l'escalier qui y menait, la musique exécuta un de ses airs les plus animés ; mais le vieillard, dans sa dignité imperturbable, ne jeta pas même un regard de ce côté.

Le moment était solennel pour lui.

Le commodore reçut et traita ses hôtes d'une manière splendide. Pendant cette longue entrevue, on n'échangea que des assurances de bon vouloir et d'amitié. — Le régent, à son départ, fut entouré des marques d'un grand respect, et des mêmes honneurs qui avaient salué sa venue.

Avant de le quitter, le commodore lui avait annoncé qu'il aurait l'honneur de lui rendre sa visite au palais royal, dans la ville de *Sheudi*, le 6 juin suivant. Le régent et sa suite avaient paru se consulter et discuter la chose ; mais le commodore avait terminé les débats en déclarant que sa résolution était parfaitement arrêtée : qu'il comptait sur une réception convenable à son rang et à sa qualité de chef de l'escadre, en même temps que de représentant des Etats-Unis.

Un des résultats de cette entrevue fut la permission obtenue par les officiers de se rendre à terre, à la condition toutefois qu'ils arrêteraient leurs excursions là où elles sembleraient désagréables aux natifs.

Voici la description donnée par l'un d'entre eux de ce premier débarquement.

« Plusieurs groupes de Liou-Kiouens avaient guetté notre approche, mais se retirèrent lentement à mesure que nous avancions. Les plus respectables d'entre eux, distingués par les épingles d'argent qui retenaient leur chevelure, nous faisaient de profondes salutations. Ceux des classes inférieures portaient un simple vêtement d'étoffe do

coton brun, ou de drap brut, et les enfants étaient
entièrement nus.

« Tout avait un air d'ordre et de propreté, même
dans les plus humbles demeures. La plupart d'entre elles étaient construites d'une espèce de corail,
et entourées d'un joli petit jardin où l'on voyait
des touffes de tabac, de maïs et de pommes de
terre.

« En suivant quelque temps les petites rues
tortueuses des faubourgs, nous arrivâmes sur la
route large et pavée qui conduit de Napha à la capitale. C'est une admirable chaussée, égalant presque nos routes macadamisées. Les murs qui la
bordent sont construits sans mortier, mais les blocs
de corail en sont joints avec une si grande précision que, vus à une petite distance, on les prendrait pour une seule masse.

« Les indigènes se rassemblaient en troupes pour
nous voir passer, ouvrant leurs rangs à notre approche, et les reformant derrière nous. Ils étaient
sous la direction de quelques agents de police évidemment chargés de nous surveiller.

« Dans la foule nous vîmes quelques belles et
vénérables figures, des vieillards à la barbe flottante, à l'air digne et serein. Mais aussitôt que
nous voulions les aborder, ils se retiraient en
grande hâte.

« Toutes les maisons étaient fermées, et nous
n'aperçûmes pas une seule femme.

« Les toits de brique rouge au milieu du sombre
feuillage des arbres qui entouraient la ville, les

murailles couvertes de cactus, et l'apparition, de temps à autre, d'un palmier ou d'un bananier, me rappelèrent involontairement l'aspect des villes de la Sicile.

« Nous atteignîmes bientôt la partie la plus peuplée de la ville, et nous nous trouvâmes sur la place du marché. Mais là, comme partout, les habitants avaient disparu avant notre arrivée, et deux agents de police, qui ne nous quittaient pas, nous faisaient signe, chaque fois que nous nous écartions, de reprendre le chemin qui nous aurait conduits à nos chaloupes. Cette insistance ne nous rendit que plus désireux d'avancer.

« Nous traversâmes la ville, ne voyant que des boutiques fermées, et les étalages de petites marchandises abandonnés avec tant de précipitation que les articles de vente étaient restés exposés. — Bientôt nous fûmes à l'autre extrémité, sur un chemin qui conduisait dans la campagne.

« L'intérieur de l'île nous paraissait extrêmement beau : il s'élevait en collines couvertes de bosquets de pins d'une espèce qui m'était inconnue et qui ressemblait au cèdre du Liban. Les pentes des collines étaient garnies de champs en pleine verdure, sur lesquels se détachaient, de distance en distance, les pierres blanches des tombeaux d'une génération disparue. La végétation offrait partout un mélange des produits des climats tropicaux et de ceux des zones tempérées ; nulle part au monde je n'ai joui de l'aspect d'une nature plus riche et plus variée. De loin en loin, nous apercevions un indigène, chevauchant sur un petit poney assez semblable à ceux que montent les Chinois.

« Nous entrâmes dans un temple, et vîmes fuir tous ceux qui s'y trouvaient. Le mur extérieur était ombragé de beaux arbres ; mais nous n'y découvrîmes aucun objet d'intérêt, sinon deux de ces bateaux étroits que les Chinois nomment *centipèdes*, et qui servent dans certaines fêtes. — Nous étant assis sur l'un de ces bateaux, nous nous vîmes bientôt entourés d'une foule de naturels, qui se familiarisèrent peu à peu, sans cesser de nous témoigner un grand respect. Ils étaient tous proprement vêtus d'étoffes de coton jaune ou bleu. Les marchands de ce quartier-là n'avaient pas eu le temps de disparaître, et restaient auprès de leur étalage, composé en partie de gâteaux grossiers. Quelques femmes se trouvaient du nombre, mais toutes étaient vieilles et hideuses. Leur costume ne diffère pas de celui des hommes ; la seule variante est dans la coiffure, qui s'adapte avec une seule grande épingle, tandis que les hommes en portent deux. »

Après ces premières observations des nouveaux débarqués sur le territoire de Liou-Kiou, un petit groupe, composé de quatre officiers de l'expédition avec quelques hommes de l'équipage et des domestiques chinois, se mit en route pour une exploration dans l'intérieur du pays.

Nous ne pouvons retracer ici tous les incidents de ce voyage, qui se fit sous l'escorte et la garde de plusieurs officiers de la police indigène. Les étrangers, surveillés de tous côtés, voyaient disparaître devant eux les populations, et suivaient un chemin toujours désert, comme si la peste les eût précédés.

Après avoir traversé *Sheudi*, la capitale, située au penchant d'une riante colline, et à moitié ensevelie dans de luxuriants ombrages, nos voyageurs se trouvaient sur un terrain où ne s'était jamais posé le pied d'un étranger, et où leur présence causait évidemment une certaine alarme.

Ils entrèrent dans quelques-unes des huttes de paysans, groupées çà et là dans la campagne. L'intérieur leur en parut assez misérable. Il consistait, le plus souvent, en une seule chambre enfumée, où ne se trouvaient que les ustensiles les plus grossiers ; pour tout lit une espèce de treillis de bambou élevé de quelques centimètres au-dessus du sol, et recouvert des nattes épaisses sur lesquelles dorment les Japonais. Le second jour de ce voyage de découverte fut marqué par l'ascension d'une colline d'où la vue s'étendait sur un magnifique paysage. De ce point culminant, on ne distinguait pas moins de douze villages, semés au sein d'une splendide nature.

Les voyageurs passèrent ensuite près des ruines d'une forteresse que son étendue et sa position élevée désignaient comme ayant dû servir de résidence et de citadelle à quelqu'un des anciens rois, à l'époque où le pays était divisé en plusieurs souverainetés. Quelques portions de l'édifice étaient encore debout. Les débris du reste ne se distinguaient presque plus du rocher qui leur servait de base, ensevelis qu'ils étaient, vieux roc et vieux murs, sous le frais tapis de verdure que la nature, toujours jeune, se plaît à jeter sur les monuments écroulés.

« Vers le milieu de cette journée, —dit le narrateur auquel nous empruntons ces détails,—le plus âgé de nos gardes, étant fatigué, se fit porter dans une espèce de véhicule qu'on nomme, dans le pays, *kagoou*, nous laissant en charge à ses subordonnés. Nous nous aperçûmes alors de plus en plus du système d'espionnage qu'on exerçait à notre égard.

« Rien n'égale la vigilance avec laquelle nous étions surveillés. Nous avions beau nous disperser, nous éloigner les uns des autres, chacun de nous n'en avait pas moins son escorte sur les talons. Avec tout cela, ces gens s'y prenaient de manière à avoir toujours l'air de n'agir ainsi que par respect pour nous.

« J'étais curieux de jeter un regard dans l'intérieur des pauvres demeures près desquelles nous passions. Plusieurs fois j'essayai d'entrer à l'improviste dans ces huttes et de surprendre les habitants à leurs occupations ; mais toujours je les trouvais désertes. Une seule fois, je pus apercevoir un enfant avec un vieillard qui se jeta à mes genoux en me voyant, et frappa du front contre terre. Nos espions ne me laissèrent pas le temps d'entrer en communication avec ces pauvres gens. »

Quelques pierres singulières, débris d'un culte religieux qui n'existe plus dans le pays, se trouvaient, de distance en distance, le long du chemin.

Deux, entre autres, à l'entrée d'un village pittoresquement situé, attirèrent l'attention des Américains. — Le plus grand de ces blocs avait environ un mètre et demi de hauteur. Il était de couleur sombre, assez semblable au porphyre; des officiers qui avaient été aux Indes crurent y reconnaître un monument du culte de ce pays, mais les natifs ne purent donner aucune indication à cet égard.

Ces restes de la religion indoue ne se retrouvèrent, du reste, nulle part ailleurs dans les îles du Japon; et si cette pierre avait réellement servi au culte des Indous, une semblable découverte donnerait lieu à bien des recherches.

La colline voisine était en outre parsemée, à la distance de quatre ou cinq kilomètres, d'anciens tombeaux, creusés dans le roc, et ressemblant à ceux d'Egypte et de Syrie. Les guides indigènes, interrogés à ce sujet, les nommaient *les demeures des hommes du diable*, et semblaient amusés de nous y voir prendre tant d'intérêt.

Ce mépris apparent pour des morts, dans un pays où le respect des sépultures est si grand, semble se rapporter au souvenir d'une autre race qui aurait habité ces îles dans un temps reculé; c'est elle peut-être qui a apporté avec elle quelques fragments du culte des Indous.

Pendant les quelques jours consacrés par nos voyageurs à cette excursion, qui s'étendit sur la moitié de l'île, le commodore Perry n'était pas resté inactif. Désirant obtenir l'usage d'une maison à terre, il avait envoyé deux de ses officiers pour traiter de cette affaire avec qui de droit. On les reçut dans un bâtiment public, qui servait à la fois d'hôtellerie pour les étrangers et de lieu de réunion pour les indigènes. C'était une espèce de halle, meublée d'une trentaine de nattes sur lesquelles on pouvait dormir.

Après avoir offert du thé et des pipes, préliminaires obligés, l'officier japonais déclara qu'il était absolument impossible d'accorder aux Américains la jouissance de la maison demandée. Mais les étrangers, sachant qu'un capitaine anglais avait une fois, à force de résolution et de diplomatie, obtenu une semblable concession, rappelèrent simplement ce fait au Liou-Kiouen, en ajoutant qu'il leur fallait à tout prix une maison. Après s'être ingénié à démontrer l'impossibilité de la chose, l'officier indigène se leva, et s'approchant des Américains sans le secours de l'interprète, il se mit à s'écrier en anglais, à la grande surprise des assistants :

« Messieurs, l'homme du Liou-Kiou est très petit : l'homme américain est grand. J'ai lu de Washington dans les livres de l'Amérique ; c'était un homme très grand, très bon. Les habitants de Liou-Kiou sont les bons amis des Américains. Liou-Kiou donnera à l'Amérique toutes les provisions qu'il lui faut ; mais les Américains n'auront point de maison sur le rivage. »

Il avait sans doute appris ce peu d'anglais du missionnaire, dont il avait pu par conséquent comprendre quelque peu la prédication.

Un dignitaire japonais (page 60).

Cette manière d'exalter les étrangers en se rabaissant soi-même est, du reste, tout à fait conforme au langage ordinaire des Japonais. Elle n'ôte rien au fond à leur orgueil national.

On entra en négociations pour obtenir au moins l'autorisation de passer la nuit sur les nattes de ce lieu de réunion. La réponse fut invariablement un *non*, péremptoire, bien que poli. Les officiers américains, qui avaient reçu l'ordre positif de se procurer une maison, résolurent alors de recourir à un procédé énergique. Deux d'entre eux prirent possession d'un coin de ce dortoir improvisé ; et, tandis que leurs camarades retournaient au vaisseau pour rendre compte au chef de l'escadre du résultat de leur expédition, ils passèrent tranquillement la nuit au milieu des indigènes, étendus chacun sur sa natte respective. — Ce ne fut pas, comme on a voulu le représenter, une violente prise de possession de l'hôtellerie. Cependant le procédé y ressemblait quelque peu ; en tout cas, il y a bien là de quoi faire penser à *la raison du plus fort*.

Toujours est-il que le moyen réussit. Le lendemain un officier malade, venant s'établir à terre avec un domestique, ne rencontra aucune opposition, et n'eut dès lors qu'à se louer des procédés des natifs à son égard.

Les autorités, toutefois, ne voyaient pas d'un œil favorable ces visites des étrangers sur leur rivage. Mais les Américains, prévenus de cette disposition par tous les voyageurs qui s'étaient appro-

chés de ces côtes, ne s'en inquiétaient guère, et
continuaient à parcourir la ville de Napha et ses
environs.

Ils étaient toujours pour le peuple des objets de
curiosité et d'intérêt. On les suivait en foule, on les
saluait profondément. Mais sous cette politesse
perçait une certaine méfiance, et les étrangers
sentaient parfaitement que les regards des espions
ne les quittaient pas. Quant aux femmes et aux enfants, ils les voyaient invariablement s'enfuir à leur
approche comme des oiseaux effrayés.

Le caractère général des habitants paraît être
doux et bienveillant; il a même quelque chose
d'aimable. L'expérience des Américains ne con-
firme pourtant pas les descriptions enthousiastes
de certains voyageurs, qui ont cru trouver chez ce
peuple la simplicité, la candeur, le contentement,
en un mot, toutes les vertus de l'âge d'or.

Un Anglais, entre autres, le capitaine Basil
Hall, les représente comme ignorant l'usage des
armes et celui de l'argent; comme honnêtes, scru-
puleusement soumis à leurs lois et à leurs gouverneurs, bref, comme réalisant le précepte évangélique qu'ils ne connaissent pas : « Ne fais pas à
autrui ce que tu ne voudrais pas qui te fût fait à
toi-même. » — Il faut que celui qui les a vus sous de
telles couleurs se soit trompé, ou que la nature de
ce peuple ait bien changé dès lors; car les officiers
de l'escadre qui visitèrent l'île, avec l'espoir d'y
être témoins de ces traits du caractère national,
revinrent fort désenchantés, et furent forcés de re-

connaître que l'humaine nature n'est pas meilleure à Liou-Kiou qu'autre part.

Combien de ces fabuleux Edens d'innocence et de pureté ne se sont pas déjà évanouis comme un songe sous un regard plus attentif et plus sérieux ! — De quelle influence, d'ailleurs, attendre un pareil résultat ? La connaissance de la loi évangélique et la grâce puissante de Dieu peuvent seules agir assez fortement sur le cœur de l'homme, sauvage ou civilisé, pour y faire naître et grandir les principes et les affections qui préservent du mal.

On se souvient que, lors de l'entrevue du commodore avec le régent, celui-ci avait été prévenu que sa visite lui serait rendue en grande cérémonie, dans la ville et le palais du roi. Il n'avait pu s'en défendre d'abord ; mais le désir d'échapper à l'honneur très redouté d'admettre des étrangers dans la demeure du souverain, lui fit chercher tous les moyens de détourner le commodore de son projet.

Entre autres stratagèmes, on l'invita à une grande fête donnée par les autorités de Napha, et où le régent devait se trouver ; ce qui eût fourni le prétexte de considérer la visite comme faite. — Le commodore refusa de s'y rendre. On lui envoya alors quelques mets du festin préparé à son intention, et dont les Liou-Kiouens ne voulaient pas qu'il perdît sa part. — Cette politesse fut reçue amicalement ; mais le commodore jugea à propos de ne pas se montrer aux délégués chargés de cette offrande.

Ce moyen ayant échoué, on essaya d'en appeler à son humanité. La reine douairière, lui disait-on, était malade, depuis un an, de l'émotion que lui avait fait éprouver la visite d'un officier anglais, chargé d'une lettre de lord Palmerston pour le gouvernement de Liou-Kiou. On insinuait que la répétition d'une telle profanation de la demeure royale pourrait aggraver l'état de la reine, et même la tuer.

Le commodore, ne croyant pas un mot de cette histoire, et comprenant que toutes ces manœuvres tendaient seulement à satisfaire les espions japonais toujours en résidence à Liou-Kiou, répondit qu'il considérait cette visite comme un devoir à remplir, et ne s'en laisserait pas détourner. Quant à la reine, il pensait que la musique joyeuse et pacifique qui l'accompagnerait ne pourrait que lui procurer une distraction agréable. Il s'offrait, d'ailleurs, à lui amener un médecin, homme fort habile, qui s'estimerait heureux de lui donner ses soins et de la rendre à la santé.

Après avoir ainsi écarté tous les obstacles, le commodore fit faire les préparatifs nécessaires pour déployer en cette circonstance une magnificence qui imposât aux natifs.

Le jour désigné étant venu et le signal donné, à neuf heures du matin, toutes les chaloupes se mirent en mer dans la direction du rivage, qui présenta bientôt l'aspect le plus animé.

La chaloupe du chef de l'escadre arriva la dernière. Il trouva, en débarquant, les marins sous les armes et rangés en ligne pour le recevoir, les officiers en grand uniforme réunis par groupes sous les arbres; tandis que les équipages des chaloupes, appuyés sur leurs rames, regardaient avec intérêt ce qui se passait, et que des centaines d'indigènes se pressaient à quelque distance, visiblement étonnés et un peu émus d'un spectacle si nouveau pour eux.

Le cortége, composé d'environ deux cents personnes, se forma avec une certaine pompe. Deux pièces de campagne, sur lesquelles flottait le pavillon américain, ouvraient la marche. Ensuite s'avançaient les interprètes, puis la musique d'un régiment suivie d'une compagnie des soldats de marine. Après cela paraissait la majestueuse chaise à porteur du commodore, faite exprès pour cette occasion et portée par huit *coolies* chinois qui se relayaient de temps en temps. — Plusieurs officiers suivaient ce véhicule imposant, tandis que derrière eux six Chinois, chargés des présents destinés au prince et à la reine douairière, marchaient escortés par une file de marins. — Venaient ensuite un groupe des principaux officiers de l'expédition, avec leurs domestiques, — puis la musique, — enfin une compagnie de marins.

Il y avait réellement quelque chose de très pittoresque dans l'aspect de ce cortége, s'avançant aux sons de joyeuses fanfares, au milieu de la fraîche verdure des champs et des collines, sous un ciel sans nuages.

Les indigènes se pressaient en foule compacte le long du chemin, ou se mettaient à la suite de la processioñ, sans témoigner la moindre appréhension de la présence des soldats en armes. On voyait qu'ils prenaient grand plaisir à ce spectacle. Pour que chacun en eût sa part, dans les endroits où ils étaient placés sur plusieurs lignes, les premiers se mettaient à genoux, et les autres s'inclinaient de manière à ce que ceux qui étaient au dernier rang ne perdissent rien de ce qui se passait.

Le cortége arriva bientôt à Sheudi, qui n'était qu'à trois kilomètres du lieu de départ. La contrée offrait là un tableau charmant : de vastes champs de riz que le moindre souffle de vent faisait onduler comme des vagues ; les pentes des collines couvertes de bois touffus au feuillage sombre, où l'imagination pouvait rêver de tranquilles et fraîches retraites ; et plus loin, les sommets des toits de la capitale, scintillant aux rayons du soleil, au milieu de l'épais rideau de verdure qui enveloppe la ville.

Tous les habitants, en fête, s'étaient groupés dans les bosquets de pins ou dans les champs voisins. A l'entrée de la ville un groupe de dignitaires, au nombre desquels se trouvaient le régent et ses trois respectables coadjuteurs, vint au-devant du commodore, et, après les salutations d'usage, il introduisit les visiteurs dans la cité.

Les rues traversées sans difficulté, on arriva au palais du roi. Les troupes s'arrêtèrent à la porte en présentant les armes, et la musique entonna l'air national des Américains, au moment où le commodore fit son entrée avec sa suite.

Le palais était bâti sur un roc escarpé, dont il formait en quelque sorte le couronnement.—Après avoir franchi le portail extérieur, il fallait traverser une première cour, puis arriver par un autre portique à une cour intérieure d'environ vingt-sept mètres carrés, entourée de bâtiments en bois assez simples, et pavée de larges briques disposées en losanges. La salle de réception était au côté nord de la cour, le seul qui fût ouvert à l'œil des étrangers. Les autres bâtiments étaient protégés par d'épais rideaux contre tout regard indiscret.

Le commodore et sa suite furent conduits dans la salle d'audience. On les fit asseoir à la file les uns des autres, sur des chaises de laque. Le régent et ceux qui l'accompagnaient se placèrent en face. On servit du thé, des pipes et une espèce de pain d'épices.

Il était évident que rien n'avait été préparé au palais pour une réception, et que, jusqu'au dernier moment, le régent avait espéré décider le commodore à entrer dans sa propre maison. Les dignitaires de Liou-Kiou semblaient mal à l'aise. La conversation se bornait à quelques politesses de part et d'autre; aussi les Américains acceptèrent-ils avec plaisir la proposition que leur fit au bout d'une heure le régent, de venir maintenant le visiter chez lui.

Le cortége se reforma, et l'on arriva bientôt à une habitation seigneuriale, où les préparatifs les plus hospitaliers avaient été faits pour recevoir les étrangers. La maison était spacieuse. Le centre en était occupé par une grande salle, ouvrant sur une étroite vérandah qui donnait dans la cour. Des nattes très fines en recouvraient le plancher et, sur de nombreuses tables était servie une abondante collation.

Le régent fit immédiatement asseoir ses hôtes, plaçant le commodore et les deux capitaines, Buchanan et Adams, en face desquels il s'assit lui-même, à une table un peu plus élevée que les autres. Le couvert mis sur chaque table se composait d'une paire de ces petits bâtons dont se servent si adroitement les Chinois, de quatre grandes soucoupes de porcelaine grossière, avec de rustiques cuillers également de porcelaine, de quatre petites tasses à thé, et de quatre autres petites coupes en forme de gland, placées autour d'un bol de terre contenant le *saki*, liqueur enivrante et fort en usage en Chine comme au Japon.

Sur chacune des tables étaient au moins vingt plats de forme et de grandeur diverses. Mais il était impossible à un étranger de deviner ce qui faisait le fond de la plupart de ces mets. Il y en avait peu qui fussent à la portée des intelligences occidentales : de ce nombre pourtant étaient des tranches d'œufs durs, teintes en rouge, de petits rouleaux de poisson, cuits dans la graisse, des fritures de porc, du sucre candi, des concombres, des radis salés et autres choses de ce genre.

On servit d'abord de toutes petites coupes de saki; divers potages vinrent ensuite, et les hôtes étrangers eurent quelque peine à faire usage des petits bâtons de bambou taillés à leur extrémité, qu'on leur donna en guise de fourchettes. — Le repas se composait de douze services, auxquels les étrangers s'efforcèrent de faire honneur, malgré la nouveauté du menu, désireux qu'ils étaient de se montrer sensibles à l'hospitalière réception du régent.

Celui-ci, de même que ses compatriotes, semblait très bien connaître l'usage de porter des toasts. A chaque nouveau service, ils se levaient et vidaient leur coupe de saki à la santé de leurs hôtes. Vers le milieu du repas, le commodore Perry proposa un toast à la santé de la reine mère, du jeune roi, à la prospérité des habitants de Liou-Kiou, et à leur bonne amitié avec les Américains. Après cela vint le tour du régent et des magistrats. L'air d'embarras et d'anxiété de ceux-ci avait disparu, et le banquet se termina dans les meilleurs sentiments de part et d'autre.

Vers trois heures après-midi, le commodore, avec tous ses compagnons, était de retour à l'escadre, et la grande affaire de la visite officielle se trouvait heureusement terminée.

Cette décision du commodore avait été judicieuse et l'influence morale exercée par cette volonté inébranlable dans ses résolutions ne tarda pas à se faire sentir. Ne jamais revenir d'un projet annoncé, tel fut un point essentiel de la politique du commodore à l'égard des Japonais. Il leur apprenait ainsi à compter sur sa parole. Et si cette manière d'agir paraît à quelques personnes un peu tyrannique et impérieuse, ceux qui connaissen mieux le caractère oriental comprendront que c'était la seule qui pût commander assez de respect pour assurer le succès de l'entreprise. Quelle que puisse être d'ailleurs notre opinion personnelle, il est sûr que la méthode du commodore Perry réussit là où avaient échoué tous les autres procédés. Un éloge qui ne peut lui être contesté, c'est qu'il ne s'écarta jamais de la stricte vérité dans ses transactions avec les rusés habitants de l'Empire du Soleil. Aussi, n'étant jamais trompés par lui, ils reconnurent bientôt que leurs mensonges et leurs stratagèmes n'avaient pas le pouvoir de le détourner de ses intentions.

En somme, le résultat de la visite était satisfaisant, et le commodore s'empressa d'envoyer quelques présents à la reine mère, au jeune prince, au régent et aux autres dignitaires de l'île. —Il montra aussi la détermination bien arrêtée de payer à Napha toutes les provisions qui leur seraient remises. Cela ne s'était jamais fait, les indigènes voulant conserver par là une sorte de supériorité et un droit de surveillance à l'égard des étrangers auxquels ils rendaient ainsi service.

Quelques-uns des vaisseaux de l'escadre quittèrent alors, pour une quinzaine de jours, le port de Napha, afin de visiter le groupe des îles Bonin. Ils trouvèrent là une petite colonie d'étrangers de diverses nations, et jugèrent qu'on pourrait y établir une station missionnaire d'où l'on parviendrait peu à peu au Japon et dans les îles voisines, plongées encore dans les ténèbres du paganisme.

A leur retour à Napha, de grands changements avaient eu lieu. Un nouveau régent avait été nommé, et les officiers américains eurent un moment la crainte d'avoir été cause de la disgrâce de leur vieil ami. Le bruit courut même qu'il avait été obligé d'exécuter le *hara-kiri*, — suicide d'un genre singulier qui remplace, chez les grands du Japon, la peine de mort infligée par la main du bourreau, et sur lequel nous aurons l'occasion de nous arrêter plus tard. — Heureusement cette nouvelle était fausse. Le régent fut une fois aperçu par deux officiers dans sa maison de Sheudi, en très-bonne santé, et l'on supposa qu'il avait abdiqué volontairement en faveur d'un membre de sa famille. En général, dans l'Empire du Soleil levant, les fonctionnaires d'un rang élevé, soumis à de grandes charges, à une grave responsabilité, à une étiquette excessivement minutieuse et gênante, se retirent de bonne heure dans la vie privée pour y jouir des délices de l'*otium cum dignitate* (le loisir avec la considération), si recherché des peuples civilisés. On y voit très peu de princes régnants et de gouverneurs d'un âge avancé. Ainsi la démission du régent n'avait rien d'extraordinaire.

Son successeur ne se refusa pas à l'invitation que lui fit bientôt le commodore de prendre part à une fête sur le vaisseau commandant. Ce nouveau régent était un petit homme, d'environ quarante-cinq ans, très brun et louchant légèrement. Il paraissait grave, taciturne, et un peu embarrassé de sa nouvelle position. Il ne se dérida que vers la fin du repas, quand le commodore lui offrit un assortiment de graines de fleurs et de légumes d'Amérique, qu'il reçut avec un plaisir évident.

Un repas somptueux avait été servi dans le salon de réception. Les indigènes, d'abord peu à leur aise dans le maniement des fourchettes et des couteaux, avaient fini par faire grand honneur aux mets européens, surtout aux vins et aux liqueurs.

Comme la chaleur était excessive, ils demandèrent la permission d'ôter leurs grands bonnets, et leurs domestiques, placés derrière eux et armés d'immenses éventails, se mirent tous à rafraîchir la tête de leurs maîtres. Le dessert, composé en partie de melons et de bananes rapportés des îles Bonin, les charma tout particulièrement, et ils demandèrent à en emporter quelque peu pour leurs femmes. Les larges plis de leur robe, retenue autour de leur taille par une riche ceinture de soie de Chine, leur servirent alors de poches, et ils s'occupèrent activement à les garnir de tout ce qu'ils pouvaient y faire entrer.

Toute réserve était mise de côté à la fin du banquet; le régent seul conservait son expression grave et presque anxieuse. On voyait que la préoccupation excessive de sa dignité le dominait et l'empêchait de prendre part au laisser aller général.

La musique avait joué sur le pont pendant tout ce temps. Au dessert, le commodore fit descendre dans la cabine les virtuoses de la troupe, qui exécutèrent des solo de flûte, de hautbois et de cornet à piston. — Le régent fut le seul qui y fit attention : les autres graves dignitaires de Liou-Kiou, le maire et les trésoriers de Napha, étaient trop occupés à faire leurs petites provisions de friandises pour se montrer sensibles aux charmes de l'harmonie.

Le café seul, que les Liou - Kiouens buvaient pour la première fois, ne fut pas de leur goût, bien qu'on le leur présentât sous le nom de *thé améri-cain.*

Les hommes composant la suite du régent et des autres hauts fonctionnaires avaient été fêtés de leur côté, dans une autre partie du vaisseau, et n'avaient pas moins joui que leurs supérieurs de l'hospitalité de leurs nouveaux amis.

On se sépara enfin, après avoir ainsi noué des relations de bonne amitié avec les autorités de Liou-Kiou, et les Américains se disposèrent à se remettre en route pour atteindre le but essentiel de leur entreprise.

III

Ce fut le 2 juillet 1853 que le commodore Perry quitta le havre de Napha pour se diriger vers la capitale japonaise.

L'escadre était loin d'avoir l'air imposant qu'on aurait désiré lui donner. Des douze vaisseaux dont elle devait se composer, quatre seulement avaient pu être réunis pour ce départ. On espérait toutefois que ce déploiement de forces suffirait jusqu'à l'arrivée des navires attendus.

Nous ne disons rien des incidents peu importants du voyage, et nous rejoignons notre petite flotte au moment de son apparition vers la baie d'Yeddo.

Le 8, au point du jour, les vaisseaux se trouvaient en vue des rivages du pays mystérieux qui était le but de leur voyage. La matinée était brumeuse, et sous le ciel voilé d'un léger brouillard on n'apercevait que les contours indistincts d'une côte escarpée, et les sommets lointains des montagnes de l'intérieur du pays.

La course des vaisseaux était dirigée vers l'entrée de la baie d'Yeddo. A leur approche, quelques jonques japonaises, qui s'apprêtaient à en sortir, virèrent de bord, évidemment pour annoncer au rivage l'arrivée des étrangers.

L'escadre avançait rapidement, malgré le vent contraire, et les équipages des bateaux pêcheurs japonais, debout dans leurs jonques ou assemblés par groupes sur le bord, exprimaient la plus vive surprise à l'aspect de ces navires à vapeur, les premiers qu'on eût aperçus dans ces parages.

Le soleil s'était levé sur ces entrefaites, et ses brillants rayons dont les larges voiles des jonques se trouvèrent tout éclairées, eurent bientôt dissipé le brouillard. A travers les déchirures du rideau de vapeurs qui enveloppait le paysage, on commençait à distinguer les sommets élevés et les pentes sillonnées de lave de la chaîne de montagnes qui s'avancent dans le promontoire d'Idzou. Lorsque la brume se fut tout à fait dissipée, on aperçut, sur l'arrière-plan, le majestueux *Fousi*, élevant jusqu'aux cieux sa tête conique, toute blanche de neige, et qui pendant des siècles a vomi des flammes.

Le mont Fousi ou le *Fousi-Yama*, la plus haute des montagnes de tout l'empire, s'éleva du sein de la terre environ trois siècles avant notre ère, à en croire les annales japonaises, tandis qu'en même temps une forte dépression du sol donnait naissance, *dans l'espace d'une nuit*, au grand lac *Mitson* ou *Oïts*.

On cite de terribles éruptions du Fousi. La plus violente, l'an 864 après Jésus-Christ, fut accompagnée de trois tremblements de terre distincts. La montagne paraissait toute enveloppée de flammes qui s'élevaient à une grande hauteur, tandis que les sinistres lueurs de la foudre venaient augmenter l'horrible beauté de ce spectacle. Enfin, après dix jours, le Fousi s'entr'ouvrit par la base avec une effroyable explosion, livrant passage à une lave ardente, dont les torrents dévastateurs se répandirent à trois ou quatre lieues à la ronde. Toute la contrée avoisinante, dans une étendue de trente lieues de rayon, fut ravagée par cette convulsion de la nature. — Au commencement du siècle dernier, la ville d'Yeddo elle-même fut couverte, par une éruption semblable, d'une couche de cendres de plusieurs pouces d'épaisseur.—Heureusement il paraît certain, malgré quelque contradiction dans les témoignages, que le Fousi-Yama est inactif depuis plus de cent ans.

Mais, après cette petite digression sur la plus remarquable et la plus belle des montagnes japonaises, revenons à nos Américains et à la baie d'Yeddo. Les bateaux insulaires qui la sillonnaient s'éloignaient à force de rames du passage de l'escadre; seulement, quand celle-ci ne se trouva plus qu'à trois kilomètres du rivage, une flottille de douze bateaux tenta de la joindre, apparemment dans l'intention de visiter les vaisseaux. On ne les attendit pas, et les vapeurs les eurent bientôt laissés en arrière, très intrigués de cette marche rapide contre le vent. Ces bateaux paraissaient complétement équipés, mais non armés, bien que chacun d'eux fût muni d'un grand pavillon aux armes japonaises qui les désignait comme étant au service du gouvernement.

Les vaisseaux de cabotage étaient nombreux dans la baie. On passait assez près d'eux pour en distinguer les hautes proues recourbées, et, au milieu du bateau, le mât unique soutenant la grande voile carrée.

A l'entrée de la baie, toutes les collines et les promontoires de Sagami paraissaient hérissées de forts, dont les canons toutefois ne se firent pas entendre, malgré l'aspect menaçant des vaisseaux étrangers.

Il était cinq heures du soir lorsque l'escadre, ayant passé les détroits qui conduisent dans la baie intérieure d'*Uraga*, vint jeter l'ancre, au delà de la ville de ce nom, du côté occidental de la baie d'Yeddo et environ deux kilomètres au delà du point le plus avancé où fût jamais parvenu un vaisseau étranger. A ce moment-là, quelques coups de canon furent tirés d'un fort voisin, et un grand nombre de bateaux garde-côtes s'avancèrent vers les navires; mais le commodore avait donné ses ordres à l'avance, et personne ne devait être admis à bord. Il n'y avait d'exception que pour le vaisseau commandant, et encore la permission ne pouvait-elle s'étendre à plus de trois personnes à la fois.

Les Japonais se montrèrent d'abord mécontents

de cette mesure, à laquelle les autres vaisseaux de guerre ne les avaient pas accoutumés. Ils essayèrent de forcer la consigne et de grimper sur l'un des navires ; mais l'équipage se montra déterminé à les en empêcher. D'ailleurs, la vue des officiers et de leurs hommes armés acheva de les convaincre que la défense était prise au sérieux, et qu'il était prudent de renoncer à leur entreprise. Ils se contentèrent alors de stationner autour de l'escadre dans leurs bateaux, qui étaient munis de provisions et de nattes pour y passer la nuit.

Les Américains furent frappés de la beauté de ces bateaux. C'étaient des espèces de yachts, d'une forme élégante et légère, qui, dans leur marche rapide, semblaient glisser à la surface de l'eau.

Les hommes qui les montaient, au nombre de trente pour le moins, étaient grands et musculeux. Leur corps basané était presque nu ; mais, quand vint le soir, ils endossèrent de larges robes rouges ou bleues avec des manches pendantes. Ces manches étaient traversées dans leur longueur par une bande d'étoffe blanche, qui, des deux côtés, aboutissait entre les deux épaules, où elle formait un angle. Sur le dos se trouvait une sorte d'écusson blasonné, de diverses couleurs. Ils étaient nu-tête pour la plupart. Le sommet de leur tête était rasé ; les cheveux, longs partout ailleurs, étaient relevés et retenus en forme de nœud sur cette place chauve. Quelques-uns cependant portaient des bonnets de bambou, qui avaient à peu près la forme d'une écuelle peu profonde. Dans plusieurs des bateaux, les hommes tenaient de longues perches surmontées d'un ornement en forme de croix, qui semblait indiquer un office militaire. Les supérieurs avaient la tête couverte d'un léger chapeau verni, avec un écusson sur le devant, marque distinctive, sans doute, de leur rang.

Les rameurs, penchés sur leurs avirons, faisaient voler sur les eaux ces légères embarcations, à l'arrière desquelles flottait une banderole à trois raies horizontales, deux blanches, et une noire au milieu. Chaque bateau portait un ou deux personnages, armés chacun de deux sabres, et qui étaient évidemment des hommes élevés en autorité.

Un de ces bateaux s'approcha alors du vaisseau commandant, présentant un rouleau de papier qui se trouva être un document en français : c'était l'ordre envoyé aux navires étrangers de se retirer aussitôt, et la défense de rester à l'ancre dans ces eaux. Un des principaux fonctionnaires voulut monter à bord du *Susquehanna;* mais on lui fit dire par les interprètes que le commandant de l'escadre, occupant le plus haut rang dans le service de son gouvernement, ne pouvait recevoir en conférence que le fonctionnaire le plus élevé en dignité à Uraga.

Après avoir répondu que le vice-gouverneur d'Uraga était dans une des barques, attendu qu'il n'était pas permis au gouverneur lui-même de monter sur un vaisseau étranger, les Japonais proposèrent au commodore de désigner lui-même un des officiers dont le rang correspondît à celui de ce dignitaire, pour conférer avec lui. Le gouverneur désirait apprendre le but de la visite des bâtiments inconnus.

Le commodore accéda à cette requête, et, en conséquence, le vice-gouverneur, Nagasima Saboroske, fut introduit avec son interprète dans la cabine du capitaine, où la conférence eut lieu de fait avec le commodore, bien que celui-ci, enfermé dans sa propre cabine, ne se montrât pas, et ne communiquât que par l'intermédiaire de son aide de camp, le lieutenant Contee.

Le dignitaire japonais fut alors informé que le commodore, envoyé par son gouvernement en mission amicale, était porteur d'une lettre du président des Etats-Unis pour le *siogoun*, et désirait qu'un officier compétent fût envoyé pour en recevoir une copie, en attendant que le jour pût être fixé où le commodore remettrait lui-même l'original.

On répondit que Nagasaki étant l'endroit désigné pour toutes les affaires avec l'étranger, il était nécessaire que l'escadre s'y transportât. Là-dessus le commodore déclara qu'il était venu à Uraga exprès pour être dans le voisinage d'Yeddo, et ne comptait nullement se rendre à Nagasaki. Il prétendait que la lettre fût dûment et convenablement reçue à Uraga même, et ajoutait que ses intentions étant parfaitement pacifiques et amicales, il était décidé à ne souffrir aucune vexation de la part des autorités. Pour commencer par les bateaux garde-côtes qui encombraient la mer autour des vaisseaux, le gouverneur fut prévenu que s'il ne les renvoyait pas immédiatement, on emploierait la force pour s'en débarrasser.

Ce langage péremptoire eut son effet. Le fonctionnaire japonais se leva précipitamment et alla donner des ordres qui firent disparaître une bonne partie des bateaux importuns. Une chaloupe armée fut envoyée de l'un des vaisseaux pour disperser les obstinés qui restaient encore, et, depuis ce moment, ils ne reparurent plus autour de l'escadre pendant tout son séjour dans la baie.

Peu après le vice-gouverneur quitta le vaisseau, après avoir annoncé que, ne pouvant prendre aucun engagement de sa propre autorité, il s'en remettrait pour toute décision à un officier supérieur qui devait arriver le lendemain de la capitale.

Le commodore était résolu à maintenir vis-à-vis du gouvernement japonais une attitude impérative, qu'il considérait comme le seul moyen de réussir dans sa mission délicate. C'était agir en sens inverse de tous ceux qui l'avaient précédé dans des entreprises de ce genre, et qui avaient toléré tant de mesquines vexations. Son parti était pris de ne jamais demander à titre de faveur, mais d'exiger comme un droit tous ces actes de courtoisie qu'on se doit réciproquement entre nations civilisées, et de ne point se laisser intimider par les procédés ni par les menaces qui pourraient porter atteinte à la dignité du pavillon américain.

Tout le reste du jour, la baie demeura tranquille.

Quelques bateaux voguaient çà et là à une distance respectueuse de l'escadre, les Japonais ne pouvant renoncer tout d'un coup à leur système d'espionnage; mais rien ne fut tenté pour incommoder les étrangers.

On aperçut toute la nuit des signes d'agitation sur le rivage : quelques fusées qui paraissaient des signaux, des feux allumés sur toutes les collines, et le tintement continuel d'une grosse cloche, qu'on prit d'abord pour celle d'un temple, mais qui était plutôt une espèce de tocsin. A neuf heures, quand le canon du vaisseau commandant tira le coup du soir, la détonation qui se fit entendre comme un roulement le long des collines, du côté occidental de la baie, parut y avoir causé une forte commotion, car immédiatement plusieurs des feux furent éteints.

En se levant, le lendemain matin, au milieu des vapeurs légères qui flottaient en flocons étincelants, le soleil éclaira une scène magnifique.

Du côté occidental de la baie s'étendait un rivage à découpures hardies, couvert d'une brillante verdure et de groupes d'arbres pittoresquement semés, tandis que, de distance en distance, l'escarpement d'une roche grise et nue interrompait l'aspect onduleux de sa surface. Plus loin à l'intérieur, le pays s'élevait en collines couvertes d'une riche végétation. A mesure que le rivage se rapprochait de la baie intérieure d'Yeddo, il devenait moins abrupte et paraissait plus cultivé. Le petit promontoire qui s'étend entre Uraga et l'entrée de la baie se montrait couvert de villes et de villages, groupés gracieusement le long des rives.

Uraga même embrasse dans son enceinte deux de ces villes, séparées l'une de l'autre par un rocher; une rivière la traverse, et va se jeter dans le port. Ce havre paraît être un entrepôt de commerce, où les vaisseaux qui passent ont à s'arrêter pour une visite de douane. Il est protégé par plusieurs forts, dont quelques-uns paraissaient encore en construction. On avait étendu sur ces fortifications, de distance en distance, une espèce de rideau, en étoffe de coton à raies blanches et noires, sans doute pour dérober aux étrangers l'exacte mesure des forces dont on disposait là. Mais les Japonais n'avaient pas compté sur le pouvoir révélateur des télescopes et des lorgnettes américaines. On vit distinctement des compagnies de soldats, vêtus d'un éblouissant uniforme écarlate, défiler devant ces forts; quelques-uns porteurs de drapeaux aux insignes variés, d'autres chargés de lanternes fixées au bout de longues perches, tandis que le rivage était bordé d'une file de bateaux du gouvernement, pareils à ceux qui avaient entouré l'escadre à son arrivée.

Le jour suivant, une troupe d'artistes japonais s'approchèrent des vaisseaux, et se mirent en mesure d'en dessiner quelques esquisses. — Mais l'importante visite du jour fut, dès sept heures du matin, l'arrivée du grand personnage d'Uraga, *Kayama Yesaimen*, gouverneur de la ville, qui donnait ainsi un démenti à l'assertion de son collègue,

Fidèle cependant à son système de n'entrer en conférence qu'avec les grands conseillers de l'empire, le commodore le fit recevoir par ses principaux officiers, les commandants Buchanan et Adams, et le lieutenant Contee.

Le gouverneur portait le costume d'un noble de troisième classe. C'était une robe de brillante étoffe de soie, ornée d'un riche dessin représentant des plumes de paon, avec une bordure d'or et d'argent.

Il fut reçu d'une manière digne de son rang, bien que le commodore ne se montrât pas. On discuta la question de la réception de la lettre du président; et, comme son collègue, le gouverneur déclara ne pouvoir rien fixer à ce sujet ailleurs qu'à Nagasaki. Mais le commodore lui fit répliquer avec beaucoup de fermeté qu'il ne consentirait pas à ces arrangements, et que, si le gouvernement japonais ne jugeait pas à propos d'envoyer quelqu'un de convenable, lui, dont le devoir était de remettre cette lettre, s'en irait débarquer à Yeddo, avec des forces suffisantes pour parvenir jusqu'à l'empereur et la lui présenter en personne.

Ce dernier argument fit impression, et le dignitaire japonais promit d'envoyer à Yeddo pour obtenir de nouvelles instructions. Il demandait quatre jours pour la réponse. On lui en donna trois, sachant qu'il suffisait d'une heure de vapeur pour mettre les vaisseaux en vue de la capitale.

Le gouverneur ayant fait l'observation que les lois du Japon ne permettaient pas aux bateaux étrangers de faire reconnaître la baie et les ports, il fut répondu que les Américains en avaient reçu l'ordre de leur gouvernement, et qu'ils étaient tenus d'obéir aux lois de leur pays tout autant que les Japonais aux leurs.

Dans cette entrevue, le gouverneur se montra très impressionné de la magnificence des étuis dans lesquels se trouvaient la lettre du président et les lettres de créance du commodore. Ces boîtes, d'un travail exquis, avaient été confectionnées à Washington. Elles donnèrent, sans doute, une haute idée du pays d'où elles venaient, à Son Excellence japonaise, qui, pour la première fois, proposa aussitôt d'envoyer de l'eau et des provisions à l'escadre. On le remercia, en refusant pour le moment.

La reconnaissance que les chaloupes, bien armées mais ornées du pavillon de paix, avaient faite des ports et de la baie, — au grand déplaisir du gouverneur, comme nous l'avons vu, — démontra que les fortifications du rivage n'avaient rien de formidable. Les bâtiments étaient de bois pour la plupart, et les canons de petit calibre. A l'approche des chaloupes, les soldats japonais s'étaient rangés en front de bataille; mais ils ne semblaient pas disposés à une attaque, car ils reculèrent peu à peu, et rentrèrent dans leurs retranchements.

Un des bateaux de reconnaissance s'était approché du bord à la distance de cent mètres. L'officier qui le montait ayant braqué sa lunette sur trois personnages qui paraissaient en inspection sur le rivage, les vit aussitôt disparaître avec les marques d'un grand effroi, à la vue d'un instrument qu'ils sup-posaient pouvoir lancer quelque chose de plus meurtrier qu'un coup d'œil. Les Japonais ne sont cependant pas complétement ignorants du télescope.

— Les marins japonais qui montaient les barques disposées le long du rivage firent signe à l'officier de s'éloigner. Celui-ci répondit en montrant de la main la direction qu'il voulait suivre. Les barques japonaises faisant mine de vouloir barrer le passage aux chaloupes, les officiers américains firent arrêter les rameurs et armer les carabines. Cela mit fin à toute tentative hostile de la part des marins indigènes, qui se contentèrent alors de suivre en foule les chaloupes étrangères.

Ces haltes fournirent une bonne occasion à l'artiste qui faisait partie de l'expédition : il en profita pour prendre plusieurs croquis du pays, des forts, de différents aspects du rivage.

Le dimanche arriva sur ces entrefaites, et les Japonais eurent lieu de s'étonner du silence, de la tranquillité qui régnaient sur les navires, où rien ne venait troubler le calme de ce jour de repos observé religieusement par les Américains.

Le lendemain, les chaloupes de reconnaissance, protégées par un des steamers de l'escadre, s'avancèrent encore davantage, dans la direction d'Yeddo. C'était en partie pour s'assurer si la baie était navigable, en partie pour intimider le gouvernement et augmenter par là les chances du succès.

Le gouverneur vint aussitôt faire des réclamations au commodore pour qu'il rappelât le steamer, tout en lui annonçant que le lendemain était le jour fixé pour la réception de la lettre. — Le commodore, qui avait prévu cette requête, fit tranquillement informer le gouverneur que, dans le cas où les affaires pour lesquelles il était venu ne pourraient pas être réglées pendant le séjour actuel, il comptait revenir, au printemps suivant, avec des forces plus considérables. Le mouillage d'Uraga ne lui semblant pas assez favorable, il désirait s'assurer d'une meilleure position dans le voisinage immédiat d'Yeddo, pour plus de facilité dans les communications avec le gouvernement.

Comme on peut le supposer, la plus grande consternation régnait sur le rivage, à la vue des vaisseaux présomptueux qui s'avançaient ainsi vers la capitale jusqu'alors inviolable. On voyait de loin, sur la côte orientale, de grandes troupes de soldats s'avancer et monter dans des barques, qui se dirigeaient immédiatement vers les navires téméraires. Toutes les batteries étaient en mouvement comme pour se préparer à un commencement d'hostilités, ou pour faire une exhibition de leurs forces.

La baie elle-même était couverte, comme d'habitude, de jonques et de bateaux pêcheurs, qui n'avaient pas l'air troublés par la présence des étrangers et continuaient, dans tous les sens, leur va-et-vient rapide. Quelques-unes de ces embarcations s'approchèrent des vaisseaux, mais évidemment par simple curiosité, car elles s'arrêtaient, et les hommes, debout près de leurs rames, regar-

daient attentivement et sans donner aucun signe
d'alarme ou d'animosité.

Jusque-là tout était bien allé, et le succès cou-
ronnait la marche suivie par le commodore Perry. Il
avait réussi à débarrasser l'escadre de la présence
des bateaux garde-côtes. Il avait, en quelque sorte,
contraint le plus haut fonctionnaire d'Uraga à lui
demander une audience. Il avait fait faire la reconnaissance du port. Il avait refusé d'aller à Nagasaki et maintenu sa position dans la baie d'Yeddo,
où il était décidé à rester jusqu'à ce qu'il eût obtenu une réponse satisfaisante au sujet de la lettre
du président à l'empereur.

Le jour fixé pour la réponse du *siogoun* arriva
enfin : c'était le 12 juillet. Dès neuf heures du matin, on vit trois bateaux, partis d'Uraga, s'approcher du *Susquehanna*. Ils étaient différents de ceux
qu'on connaissait déjà, et semblaient construits
d'après un modèle européen. Au lieu de se tenir
debout, à la manière japonaise, les rameurs étaient
assis, et manœuvraient assez gauchement. — L'é-
quipage était nombreux, et dans la première barque, dont le pavillon noir et blanc indiquait la
présence de quelque personnage important, on vit
le gouverneur *Kayama Yesaimen*, vêtu de son riche
costume, assis avec sa suite sur des nattes qui couvraient le pont du bateau.

Le gouverneur, reçu comme précédemment, à
bord du vaisseau commandant, par les capitaines
Buchanan et Adams, commença par parler d'un
malentendu qui devait avoir eu lieu à la dernière

entrevue. Il accordait bien que la réception de la lettre eût lieu sur le rivage, dans un bâtiment qu'on allait élever à cet effet ; mais la réponse, disait-il, ne pouvant être donnée dans la baie même d'Yeddo, serait expédiée à Nagasaki, d'où les Américains la recevraient par l'intermédiaire des Hollandais et des Chinois.

A cette nouvelle difficulté, le commodore envoya une réponse ainsi conçue, qu'il fit traduire et expliquer soigneusement au gouverneur :

« Le commandant en chef *ne veut pas* aller à Nagasaki, et ne veut recevoir aucune communication par le moyen des Chinois ou des Hollandais. Il a une lettre du président des Etats-Unis à délivrer à l'empereur du Japon ou à son ministre des affaires étrangères, et il n'en remettra l'original à personne d'autre. Si cette lettre, tout amicale, du président à l'empereur n'est pas bien accueillie et ne reçoit pas une réponse convenable, il considérera sa nation comme insultée, et ne sera pas responsable des conséquences.

« Il attend une réponse quelconque dans peu de jours, et ne la recevra pas ailleurs que dans ce voisinage. »

Après une conférence de trois heures, le gouverneur se retira sans que le ton courtois et amical des négociations eût été interrompu. Il avait à conférer avec les hauts fonctionnaires qui, sans doute, se trouvaient en nombre à Uraga pour diriger les affaires. Il revint, l'après-midi, dans un des bateaux ordinaires, avec sa suite habituelle, annoncer que la remise de la copie de la lettre pourrait avoir lieu dans un des bâtiments qui bordaient le rivage, et qu'un dignitaire se trouverait là pour la recevoir; mais qu'on ne pourrait rien traiter dans cette entrevue.

Cette partie officielle de l'entretien une fois terminée, Yesaimen et ses compagnons se laissèrent aller à leur bonne humeur, recevant volontiers les politesses des officiers, et y répondant en hommes parfaitement bien élevés. Ils se montrèrent des plus sociables, et dans la conversation, à laquelle ils prirent part librement et gaiement, ils firent preuve de connaissances qui n'étaient pas au-dessous de l'élégance et de la grâce de leurs manières. Ils connaissaient le hollandais et le chinois, ainsi que les principes généraux des sciences et quelques faits géographiques. Un globe terrestre ayant été placé sous leurs yeux, et leur attention dirigée sur les Etats-Unis, ils mirent immédiatement le doigt sur New-York et Washington, sachant très bien que l'une de ces villes était la capitale politique de la république américaine, l'autre sa métropole commerciale. Ils trouvèrent également l'Angleterre, la France, le Danemark et les autres Etats de l'Europe. Leurs questions sur l'Amérique montraient qu'ils n'étaient pas complétement ignorants de son histoire; ils avaient entendu parler de *chemins coupés à travers des montagnes* (les tunnels), et s'informèrent du percement de l'isthme de Panama, sachant que le but en était la réunion des deux Océans.

Après avoir ainsi causé et pris des rafraîchisse-

ments dans la cabine, les dignitaires japonais furent invités à visiter le vaisseau, ce qu'ils acceptèrent avec une grande politesse. Sur le pont, ils furent
bientôt entourés d'une foule d'officiers et de soldats
qui pouvaient à peine réprimer les manifestations
de leur curiosité ; mais les Japonais ne perdirent
pas un instant leur calme et la grave dignité de
leurs manières.

Ils regardaient tout avec un intérêt intelligent,
sans montrer la surprise qu'on eût pu s'attendre
à rencontrer chez des gens mis pour la première
fois en présence du mécanisme et de l'ordre merveilleux d'un bateau à vapeur perfectionné. En
observant le grand canon, ils le nommèrent très
justement un Paixhans. La machine les frappa beaucoup ; mais les interprètes montrèrent qu'ils connaissaient quelque chose du principe qui la faisait
mouvoir. En somme, bien qu'arriérés pour la pratique des découvertes scientifiques, les Japonais
semblent, au moins dans les classes instruites ; au
courant de leurs progrès chez les peuples plus civilisés, ou, pour parler plus justement, mieux civilisés qu'eux.

Les Japonais portaient chacun deux sabres,
comme le font chez eux les hauts dignitaires ; ils
les déposèrent dans la cabine où les curieux purent
les examiner. C'étaient en réalité des ornements
plutôt que des armes. Les lames, il est vrai,
étaient de bonne trempe, mais leur forme, de même
que la poignée sans garde, était peu commode
pour l'usage. Ils étaient montés en or pur, et le

fourreau, en peau de requin, était remarquablement bien travaillé.

La visite du gouverneur et de ses interprètes se prolongea jusqu'au soir. Il était sept heures quand ils quittèrent le vaisseau avec la courtoisie gracieuse qui leur était habituelle, s'inclinant à chaque pas, en souriant d'une manière aimable et pleine de dignité. Ils étaient évidemment satisfaits de ce qu'ils avaient vu, et de la réception qu'on leur avait faite.

La politesse étudiée qui marquait leurs rapports avec les officiers étrangers n'était pas réservée pour une occasion spéciale ; ils la conservaient entière dans leurs relations réciproques. On les vit cette fois, en remontant dans les bateaux qui les avaient amenés à bord, se saluer les uns les autres avec une urbanité aussi majestueuse que si, se rencontrant pour la première fois, ils eussent eu à traverser les cérémonies d'une présentation officielle.

Tandis que ces choses se passaient à bord, les chaloupes en reconnaissance ne perdaient pas leur temps, mais continuaient à explorer diligemment les environs.

Le lendemain, on attendit dès le matin la visite promise du gouverneur. On pouvait observer dans la baie, du côté d'Uraga, les signes d'un mouvement inaccoutumé : des transports de troupes, et l'arrivée d'une grande jonque sur laquelle flottaient le pavillon et les insignes du gouvernement. — Du reste, la baie était animée comme les jours précédents, et sillonnée en tous sens de bateaux de diverses dimensions. Les villes et les villages groupés le long des rives semblaient avoir une activité commerciale considérable, que stimulait encore le voisinage de la capitale. On ne compta pas moins de soixante-sept jonques qui traversèrent la baie ce jour-là.

Vers quatre heures après-midi, le gouverneur arriva. Il apportait et exhiba un ordre autographe de l'empereur pour le fonctionnaire chargé de recevoir le commodore. La lettre du *siogoun* était courte et scellée d'un large sceau. Enveloppé de velours et enfermé dans un étui de bois de santal, ce document précieux était traité par le gouverneur avec un tel respect qu'aucune main profane n'eut la permission de s'en approcher. Il était accompagné d'une traduction en hollandais, et d'un certificat d'authenticité signé de la main de Kayama Yesaimen. Voici la traduction de la lettre du *siogoun* :

« Lettre de créance donnée par l'empereur du Japon à Son Altesse Toda, prince d'Ydju.

« Je vous envoie à Uraga pour recevoir la lettre que m'a écrite le président des Etats-Unis, laquelle lettre vient d'être apportée à Uraga par l'amiral. Quand vous l'aurez reçue, vous vous rendrez à Yeddo et me l'apporterez. »

Le sceau de l'empereur servait de signature. La date était du sixième mois de 1853.

Dans le cours de la conférence, le gouverneur insista encore sur ce que le mandataire du siogoun, n'ayant reçu de pouvoirs que pour la réception des papiers et leur transmission à son souverain, n'était point autorisé à entrer en discussion avec le commodore. Il annonça aussi qu'on s'occupait à ériger un bâtiment à l'endroit désigné pour l'entrevue.

Le commodore, qui n'était pas sans arrière-pensée au sujet de la possibilité d'une trahison, avait déjà fait examiner par ses gens la petite baie à l'entrée de laquelle se construisait le bâtiment en question ; il s'était assuré que les vaisseaux pouvaient s'en approcher à portée du canon. Le gouverneur fut, en conséquence, averti que l'escadre entière allait se transporter dans le voisinage, attendu qu'il ne convenait pas à la dignité du chef de l'escadre de faire ce long trajet dans une simple chaloupe. Quant à la suite qui devait l'accompagner, — sujet qui paraissait causer beaucoup d'inquiétude au dignitaire japonais, — on annonça que tous les officiers et les soldats qui ne seraient pas retenus par leur service à bord des navires descendraient à terre avec le commodore, pour faire honneur à une si grande solennité.

Toutes les questions d'étiquette furent discutées pendant cette entrevue qui dura plus de deux heures. En la terminant, *Tatznoske*, le principal interprète japonais, qui montrait une excessive facilité pour les langues étrangères, avait saisi assez d'anglais pour être capable de dire très distinctement en cette langue : « Il faut retourner chez nous. »

Il faut se rappeler que le trucheman indigène ne pouvait connaître que le hollandais ; chaque parole transmise par lui dans cette langue devait donc subir une nouvelle version, du hollandais en anglais.

Le jour attendu avec tant d'anxiété arriva enfin; c'était un jeudi, le 14 juillet. Aux premiers rayons du soleil on put apercevoir le long du rivage, du côté d'Uraga, des préparatifs qui témoignaient du travail assidu de la nuit. Des tentures d'étoffe couvertes d'ornements à grand effet avaient été disposées de manière à donner plus de relief, et l'apparence d'une plus grande étendue, à tous les bastions et les forts du rivage. Ces rideaux, attachés fortement à des poteaux plantés de distance en distance, laissaient entre eux un certain espace vide; ils faisaient ainsi l'effet de grands panneaux, marqués alternativement des armoiries impériales et d'un emblème formé d'une grande fleur rouge aux larges feuilles découpées en forme de cœur. Une multitude de banderoles, de drapeaux, couverts de dessins aux couleurs brillantes, flottaient à tous les angles des tentures, derrière lesquelles se pressaient des foules de soldats, dans un costume évidemment réservé aux grandes occasions.

Cet uniforme consistait principalement en une robe ou blouse très courte, de couleur foncée, retenue à la taille par une large ceinture, et sans manches, laissant complétement à nu les bras du soldat.

Sur les vaisseaux américains, tout avait été de bonne heure aussi en mouvement. Environ trois cents officiers, marins et soldats, qui devaient ac-

compagner le commodore, se tenaient prêts à partir. Tous étaient en grande tenue.

Avant huit heures du matin, le *Susquehanna* et
le *Mississipi* se mirent en marche. Ils eurent bientôt doublé le promontoire qui les séparait de la
partie intérieure de la baie, et se trouvèrent tout
à coup en présence du lieu préparé pour l'entrevue.

Tout le long du rivage étaient tendus les rideaux que nous venons de décrire, peints et bro-
dés des couleurs les plus éclatantes. Neuf hauts
étendards, aux larges pannons cramoisis qui flottaient jusqu'à terre, marquaient le centre d'une
espèce de croissant composé d'un nombre immense
de bannières et de pavillons aux teintes variées,
qui s'agitaient gaiement au vent du matin, sous ce
radieux soleil.

En face de ce pompeux appareil, plusieurs régi-
ments de soldats étaient placés de manière à donner aux Américains une haute idée des forces militaires du Japon.

Du côté de la baie, on apercevait, à la gauche
du village de *Gori-Hama*, un groupe de maisons aux
toits pointus, disséminées entre le bord de la mer
et le pied des collines verdoyantes qui s'élèvent
graduellement jusqu'aux sommets lointains des
hautes montagnes de l'intérieur. Une riche vallée,
ou plutôt une gorge luxuriante, d'abord masquée
par les grands bois des collines environnantes,
s'ouvrait aux regards des Américains, et donnait
une grande variété au paysage. — Sur la droite,

plusieurs centaines de bateaux japonais, au pavillon écarlate, étaient rangés en lignes parallèles le long du rivage.

Tout était combiné pour que l'effet général du tableau fût agréable, et, certainement, le coup d'œil avait quelque chose de nouveau et de brillant.

Le bâtiment de réception, placé au fond de la courbe arrondie que formait le rivage, élevait au-dessus des maisons avoisinantes les trois pointes de son toit, construit en forme de pyramide. La façade en était aussi garnie de tentures aux raies noires et blanches. On s'étonnait de l'activité des ouvriers japonais qui avaient improvisé cet immense édifice.

Dès que les steamers américains eurent jeté l'ancre, deux bateaux japonais s'approchèrent, et Kayama Yesaimen, avec ses interprètes, monta à bord, suivi de près par Nagasima Saboroske et un de ses officiers. Ils étaient aussi dans leur grand costume, différant un peu de leurs vêtements ordinaires. Leur robe, dont la forme restait la même, était couverte d'ornements. L'étoffe en était un magnifique brocart de soie aux vives couleurs, relevées par une garniture de velours jaune; une broderie en or, d'un grand travail, la couvrait du haut en bas, dessinant sur le dos, les manches et la poitrine, les armoiries du porteur de ce riche costume. Saboroske, le sous-gouverneur d'Uraga, portait en outre un pantalon très court, mais fort ample, dans le genre de celui de nos zouaves, qui laissait à nu la partie inférieure de ses jambes, à l'exception de ce qui était couvert par de petites chaussettes de laine noire.

Tout paré qu'il fût de soie éclatante, de broderies et d'or, Saboroske avait une apparence comique qui provoquait la gaieté plutôt que l'admiration et le respect.

A un signal donné à bord du *Susquehanna*, toutes les chaloupes se mirent en marche. La petite flotte, qui ne comptait pas moins de treize embarcations remplies d'officiers et de soldats en brillant uniforme, ne laissait pas d'offrir un aspect imposant et pittoresque.

La chaloupe du capitaine Buchanan ouvrait la marche, flanquée des deux barques japonaises qui portaient le gouverneur et le vice-gouverneur d'Uraga avec leur suite respective. Ces dignitaires, remplissant les fonctions de maîtres des cérémonies, montraient le chemin à la flottille américaine, qui s'avançait vers le rivage aux sons d'une musique joyeuse.

Les chaloupes semblaient raser la surface des eaux. Telle était l'adresse et l'agilité des rameurs japonais que les matelots américains avaient quelque peine à ne pas se laisser devancer.

Ils avaient franchi la moitié de la distance qui les séparait du rivage, lorsque treize coups de canon du *Susquehanna*, répétés par tous les échos des collines environnantes, annoncèrent le départ du commodore.

Un quai provisoire avait été construit au centre de la courbe que dessinait le rivage. Ce fut là que les étrangers abordèrent. Le capitaine Buchanan, s'élançant hors de sa chaloupe, fut le premier Américain dont le pied toucha cette terre du *Soleil levant*, jusque-là défendue avec tant de jalousie. Le reste de ses gens le suivit bientôt. A mesure que les Américains débarquaient, ils s'avançaient le long du rivage; ils étaient suivis de la musique de deux bâtiments et se rangèrent en une ligne faisant face à la mer.

La taille élevée, les membres vigoureux des Américains offraient un contraste frappant avec l'apparence chétive et efféminée des soldats japonais. Ceux-ci, rassemblés au nombre de plus de cinq mille, s'étendaient sur une immense ligne, dont l'irrégularité ne donnait pas l'idée d'un haut degré de discipline. Ils étaient passablement bien armés et équipés; leur uniforme ne différait pas beaucoup du costume japonais ordinaire.

En avant se trouvait l'infanterie, composée d'archers et de lanciers, au second rang paraissaient de grandes troupes de cavalerie qui semblaient tenues en réserve. Leurs chevaux, de belle race, vifs et robustes, étaient richement caparaçonnés, et ce corps avait assez bonne apparence.

Au pied de la colline à laquelle le village était adossé, et derrière les rangs des soldats, s'étaient assemblés les habitants en grand nombre. On remarquait parmi eux beaucoup de femmes, qui, avec la plus vive curiosité, s'efforçaient d'apercevoir les étranges visiteurs ainsi venus d'un autre hémisphère.

A l'arrivée du commodore, les officiers de sa suite, qui l'attendaient en haie au débarcadère, se rangèrent derrière lui, et le cortége se dirigea vers le lieu de réunion, précédé par Kayama Yesaimen, qui devait servir d'introducteur. L'escorte du commodore était composée d'environ deux cents soldats de marine. L'étendard américain et son large pavillon étaient portés par deux matelots aux formes athlétiques, choisis parmi tous les équipages de l'escadre à cause de leur taille presque gigantesque. Deux jeunes garçons, habillés pour la circonstance, précédaient le commodore, chargés de deux coffrets en bois de rose, montés en or massif, et longs de trente-cinq centimètres à peu près : c'est là que se trouvaient la lettre du président et les lettres de créance de son envoyé. Ces documents in-folio, écrits sur du vélin magnifique, n'étaient pas pliés, mais roulés dans une enveloppe de velours bleu. Chacun des sceaux, qu'on y avait suspendus par un cordon d'or et de soie, était renfermé dans une boîte circulaire de six pouces de diamètre sur trois de profondeur, et d'or massif richement travaillé, comme les garnitures des étuis extérieurs. — A côté du commodore marchaient, en qualité de gardes du corps, deux nègres armés de toutes pièces et choisis parmi les plus beaux hommes de couleur que l'escadre pût fournir. — Toute cette parade, il est à peine besoin de le dire, n'avait d'autre but que de produire un effet imposant sur un peuple singulièrement sensible aux pompes extérieures.

Le cortége ainsi composé arriva bientôt au bâtiment de réception. Devant l'entrée étaient placés
deux canons de cuivre de petit calibre, et, sem-
blait-il, de manufacture européenne. Deux compagnies de gardes japonais, dont l'uniforme diffère
de celui des troupes ordinaires, étaient groupées
de chaque côté sans ordre ni régularité. Ceux de
droite étaient vêtus d'une tunique courte serrée à
la taille par une large ceinture, d'un pantalon dont
l'ampleur considérable était rassemblée aux genoux, tandis que leur tête était couverte d'une
sorte de turban d'étoffe blanche. Ils étaient armés
de mousquets à baïonnette. Les autres portaient
un uniforme de couleur sombre, garni de jaune.

Laissant son escorte à la porte, le commodore,
suivi seulement de ses officiers, entra dans le bâtiment, qui portait quelque peu les traces de sa
construction précipitée. Il traversa d'abord une
sorte de tente enfermant un espace de quatorze
mètres carrés et tendue de toile peinte sur laquelle
brillait de distance en distance l'écusson impérial.
Le sol de ce vestibule était couvert d'un tapis blanc,
sur lequel se dessinait une bande de riche écarlate,
dans la direction du passage qui conduisait dans la
salle intérieure où devait avoir lieu la réception.
Cette salle de parade, tendue de trois côtés de
draperies de soie violette sur lesquelles se détachaient brodées en blanc les armoiries de l'empereur, était élevée de deux ou trois marches et
couverte en entier de tapis écarlates.

Au moment où le commodore et sa suite entrèrent dans la salle de réception, deux dignitaires, qui y étaient assis, se levèrent et s'inclinèrent profondément. Des fauteuils avaient été préparés à leur droite pour les étrangers. L'interprète déclara à haute voix les noms et qualités de ces hauts personnages japonais : l'un se nommait *Toda-Idju-no-Kami*, ou Toda, prince d'Idju; l'autre était *Ido-Iwami-no-Kami*, c'est-à-dire Ido, prince d'Iwami.

Ni l'un ni l'autre n'était jeune. Le prince Toda, qui paraissait âgé d'une cinquantaine d'années, était de beaucoup le mieux des deux : son large front, l'expression aimable de sa physionomie intelligente et régulière, contrastaient singulièrement avec la figure ridée et insignifiante de son collègue, plus âgé de dix à quinze ans. Tous deux étaient très richement vêtus de brocart de soie, broché d'or et d'argent.

Les deux princes ne se départirent pas un instant de leur gravité officielle et majestueuse : ils saluèrent le commodore à sa sortie, comme à son entrée, d'une manière cérémonieuse, mais ils ne prononcèrent pas une parole en sa présence. Yésaimen et ses interprètes remplissaient les fonctions de maîtres des cérémonies. Ils s'étaient placés en entrant, dans le fond de la salle, à genoux près d'un coffre en laque de couleur écarlate, monté sur un pied de métal brillant.

Les premiers moments de l'entrevue se passèrent dans un profond silence. Le principal interprète annonçant alors que le prince Toda était prêt à recevoir les lettres, et qu'elles devaient être ren-

Le commodore Perry remettant aux commissaires japonais la lettre du président des Etats-Unis (page 103).

fermées ensuite dans le coffre dont nous avons parlé, pour être portées à l'empereur, le commodore fit signe aux jeunes garçons, qui étaient restés dans la salle inférieure, de s'avancer avec leur charge. Les deux nègres gardes du corps les accompagnèrent ; ils reçurent de leurs mains les étuis, les ouvrirent et en tirèrent les documents qui furent placés, ainsi déployés, sur le couvercle du coffret japonais. — Cette cérémonie s'accomplit dans un silence complet.

Voici la teneur de la lettre du président :

« Millard Fillmore, président des Etats-Unis d'Amérique, à Sa Majesté Impériale l'empereur du Japon.

« Grand et bon ami,

« Je vous envoie cette lettre publique par le commodore Matthieu C. Perry, officier du plus haut rang dans la marine des Etats-Unis et commandant de l'escadre qui visite actuellement les domaines de Votre Majesté Impériale.

« J'ai chargé le commodore Perry d'assurer Votre Majesté Impériale des sentiments affectueux que je porte à la puissance de Votre Majesté et à son gouvernement ; je n'ai d'autre but, en l'envoyant au Japon, que de proposer à Votre Majesté Impériale d'établir entre nos deux peuples de bonnes relations d'amitié et de commerce.

« La constitution et les lois des Etats-Unis nous interdisent toute intervention dans les affaires politiques et religieuses des autres nations. J'ai particulièrement recommandé au commodore Perry de s'abstenir de tout ce qui pourrait troubler la tranquillité des Etats de Votre Majesté.

« Les Etats-Unis d'Amérique s'étendent d'un Océan à l'autre, et nos territoires d'Orégon et de Californie sont situés en face des domaines de Votre Majesté. Nos bateaux à vapeur ne mettent que dix-huit jours pour la traversée.

« Notre grand Etat de Californie produit environ soixante millions de dollars d'or chaque année, sans compter l'argent, le mercure et les pierres précieuses. Le Japon est aussi une riche et fertile contrée dont les productions sont de grande valeur. Les sujets de Votre Majesté Impériale sont habiles dans les arts. Je désire que nos deux pays se mettent en rapport ; ce sera avantageux pour le Japon, de même que pour les Etats-Unis.

« Nous savons que les anciennes lois de l'empire ne permettent aucun trafic avec les étrangers, à l'exception des Chinois et des Hollandais ; mais comme le monde change et que de nouveaux gouvernements se forment, il semble qu'il est sage de temps en temps de renouveler aussi les lois. Il fut un temps où les antiques lois du gouvernement de Votre Majesté ont été nouvelles aussi.

« C'est dans ce même temps que l'Amérique, qu'on appelle souvent le Nouveau-Monde , fut découverte. Les Européens qui vinrent s'y établir y furent longtemps en petit nombre et pauvres. Ils sont maintenant devenus un grand peuple ; leur commerce s'est étendu partout, et ils pensent que si Votre Majesté voulait changer les lois anciennes et permettre un libre échange entre les deux contrées, ce serait un avantage pour toutes deux.

« Dans le cas où Votre Majesté Impériale ne jugerait pas prudent d'abroger tout d'un coup les vieilles lois, elle pourrait simplement en suspendre l'exécution pendant cinq ou dix années ; ce serait une expérience à tenter. Si le succès ne répondait pas à notre attente, rien n'empêcherait au bout de ce temps de tout remettre sur l'ancien pied. Les États-Unis limitent souvent ainsi leurs traités de commerce, afin d'être libres au bout de quelques années de les renouveler ou non.

« Je charge le commodore Perry de mentionner encore une chose à Votre Majesté. Beaucoup de nos vaisseaux passent chaque année de Californie en Chine, et un grand nombre de nos citoyens se consacrent à la pêche de la baleine non loin des côtes du Japon. Il arrive quelquefois que nos vaisseaux battus par la tempête viennent échouer sur les rivages de vos îles. En pareil cas, nous demandons et attendons que nos malheureux compatriotes soient traités avec bonté, et que leur propriété soit respectée jusqu'à ce que nous puissions envoyer quelque navire à leur secours. Nous insistons fortement sur ce point.

« Le commodore Perry est chargé également de représenter à Votre Majesté que nous savons que l'empire du Japon produit une grande abondance de charbon de terre et d'autres provisions indispensables aux navires.

« Nos vaisseaux à vapeur, en traversant le grand Océan, brûlent une quantité considérable de charbon, et il n'est pas commode de l'amener tout d'Amérique. Nous souhaitons que nos vapeurs et autres bâtiments soient autorisés à s'arrêter au Japon pour se fournir de charbon, de vivres et d'eau douce. Ils payeront tout cela, en argent ou de quelque autre manière que les sujets de Votre Majesté le désirent. Nous requérons de Votre Majesté la désignation d'un port convenable, dans la partie méridionale de l'empire, pour cette halte de nos vaisseaux.

« Nous y tenons très particulièrement.

« Le seul objet donc de la visite que le commodore Perry, à la tête d'une puissante escadre, va faire sur notre ordre à votre célèbre ville d'Yeddo, est d'obtenir de Votre Majesté Impériale un traité d'amitié et de commerce, le charbon et les provisions nécessaires à notre marine, et une protection efficace pour nos gens naufragés.

« Nous chargeons le commodore Perry de prier Votre Majesté d'accepter de notre part quelques présents. Ils ne sont pas de grande valeur en eux-mêmes, mais peuvent servir de spécimen de ce qui se fait en Amérique, et ils sont offerts en témoignage d'une sincère et respectueuse amitié.

« Que le Tout-Puissant ait Votre Majesté en sa sainte et forte garde !

« En témoignage de quoi j'ai fait apporter le grand sceau des États-Unis et signé cette lettre de mon nom en la ville de Washington en Amérique, qui est le siége de mon gouvernement. Ce treizième jour du mois de novembre de l'année 1852.

« Votre bon ami,

« Le président : MILLARD FILLMORE,

« EDOUARD EVERETT, secrétaire d'Etat. »

On plaça à côté des lettres leur traduction en chinois et en hollandais. Après cela, Kayama Yesaïmen s'approcha du prince d'Iwami, et se mettant à genoux devant lui, il reçut de sa main un rouleau de papier qu'il présenta au commodore en s'agenouillant encore.

C'était le reçu impérial des documents américains, fait en bonne forme et se terminant par ces mots :

« Comme cet endroit n'est point le lieu ordinaire des négociations avec les étrangers, et que ni conférences ni transactions ne peuvent y avoir lieu, maintenant que vos lettres sont reçues, vous pouvez vous retirer. »

Quelques paroles furent échangées après cela sur les projets du commodore. Il fit annoncer aux Japonais son intention de retourner dans peu de jours à Liou-Kiou et à Canton, offrant au gouvernement ses services s'il avait quelque message à y faire parvenir. Il les informa aussi du retour de l'escadre pour le printemps suivant. L'interprète japonais demandant si les vaisseaux reviendraient tous les quatre : « Tous, fut-il répondu, et probablement plusieurs autres encore, ceux-ci n'étant qu'une portion de l'escadre. »

Yesaïmen et Saboroske l'interprète se levèrent

alors, car ils étaient restés à genoux tout le temps, et, ayant fermé le coffret contenant les précieux papiers, ils se retirèrent en faisant informer le commodore que la séance était terminée. Celui-ci se leva à son tour et prit congé des deux princes dans le même silence absolu. Toute l'entrevue n'avait pas duré plus de vingt à trente minutes.

Le cortége se reforma comme au départ, et la flottille américaine rejoignit les vaisseaux, escortée, comme en les quittant, par les deux barques des gouverneurs d'Uraga.

Il y eut lors de l'embarquement un moment de difficulté : la foule était grande et l'espace où les chaloupes pouvaient aborder très étroit et flanqué de soixante à soixante-dix barques du gouvernement. Les soldats indigènes se pressaient en masse sur le rivage, par curiosité ou pour donner une grande idée de leurs forces, et il faut reconnaître que, si les Japonais avaient eu quelque intention hostile, il leur eût été facile alors d'investir les Américains, si inférieurs en nombre.

Des précautions avaient, du reste, été prises pour cette éventualité. Les deux steamers étaient restés dans une position qui commandait la baie, et l'ordre leur avait été donné de se tenir prêts pour l'action. De plus, au premier signal de troubles sur le rivage, on devait tirer des obusiers, placés exprès dans les chaloupes, tandis que le front des troupes japonaises eût reçu en plein les décharges de l'artillerie des navires.

On n'eut pas à faire usage de ces préparatifs ;

aussi fût-ce avec un sentiment général de satisfaction et de reconnaissance qu'on se retrouva à bord,
l'entrevue terminée, sans que rien fût venu faire
craindre que la cérémonie du jour s'achevât d'une
manière orageuse. Il est vrai que, à juger du résultat obtenu d'après les relations ordinaires des
peuples civilisés, il n'y avait pas lieu à trop se féli-
citer ; mais, en tenant compte du système jaloux
de la politique japonaise, il y avait là bien des sujets d'encouragement pour ceux qui avaient parti-
cipé à la grande transaction de ce jour.

La concession faite par les Japonais était grande
à leurs yeux, mais loin cependant de ce que demandaient les Américains. Le gouvernement n'avait
entr'ouvert la porte inhospitalière de l'Empire du
Soleil à l'ambassadeur étranger que pour la refer-
mer aussitôt, comme le témoignait le passage déjà
cité : « Maintenant que les lettres ont été reçues,
vous pouvez vous retirer. »

De retour à bord, le commodore voulant faire
voir qu'il ne tenait aucun compte de cette injonction présomptueuse, fit avancer l'escadre tout entière le long de la baie, dans la direction d'Yeddo,
pour examiner le détroit. Il désirait, en déployant
ainsi toutes ses forces pour une simple reconnaissance en mer, et si près de la capitale, produire
une impression décisive sur le gouvernement et le
disposer à recevoir favorablement les ouvertures
des Américains.

Le gouverneur et le vice-gouverneur d'Uraga
avaient accompagné les officiers à bord du *Susque-*

hanna, et s'entretenaient avec eux des détails de la visite du matin, de leur prochain départ et des présents destinés à l'empereur. Ils examinaient avec beaucoup d'intérêt et d'intelligence tous les objets nouveaux pour eux qui se trouvaient sur le navire : la machine à vapeur, et les revolvers, entre autres. Quelques gravures les intéressèrent vivement, et quand le sifflement aigu de la vapeur les avertit de retourner à Uraga, ils se séparèrent de leurs hôtes avec un regret évident.

L'escadre continua alors à s'avancer entre des rivages verdoyants et fertiles, vers un endroit qui, de l'avis des officiers chargés d'examiner la baie, était préférable à celui où l'on avait d'abord jeté l'ancre. Le paysage qui s'offrait aux regards à mesure que l'on approchait de la rive occidentale était charmant. Le terrain s'élevait en pentes ondulées. Des champs couverts de riches moissons, plusieurs étages de terrasses, des parcs immenses, des bosquets touffus au penchant des collines : tout cela présentait le caractère d'une ancienne et soigneuse culture, et formait un ensemble qu'eussent égalé peu de nos paysages d'Europe, même dans la fraîche parure du printemps.

Dans l'après-midi, les vaisseaux jetèrent l'ancre dans un lieu qui reçut du commodore le nom de *Mouillage américain* : c'était à dix milles à peu près de leur première station près d'Uraga et à deux kilomètres de la côte. Deux îles charmantes, couvertes d'une riche végétation, se voyaient à peu de distance, et la mer était, comme auparavant sillonnée de barques et de jonques au pavillon rouge. Les forteresses étaient là, comme ailleurs, tendues de grandes pièces d'étoffe dont il était impossible de comprendre la destination.

Quelques chaloupes furent mises à la mer pour reconnaître les environs, ce qui ne laissa pas de causer un peu d'agitation sur le rivage et parmi les bateaux du gouvernement; mais rien ne fut fait directement pour entraver les manœuvres des Américains. Seulement, au bout de quelques heures, on vit arriver Yesaimen et son interprète dans un état de grande excitation et de grande anxiété. Reçus, comme d'habitude, à bord du *Susquehanna*, les premières paroles de l'interprète furent celles-ci : « Pourquoi vos vaisseaux sont-ils venus là ? » On leur répéta les raisons déjà données par le commodore, qui ne s'était nullement engagé à obéir à l'injonction de se retirer tout à fait, mais qui déclarait que ses gens ne descendraient pas à terre, et qu'on n'avait par conséquent à redouter aucun trouble. On fit observer à Yesaimen que les Américains, venus en amis, ne devaient pas être empêchés de jeter l'ancre où bon leur semblait, ajoutant que, si les Japonais prenaient la fantaisie d'aller en Amérique, ils trouveraient partout la facilité la plus grande, et toute liberté de s'établir où ils voudraient, fût-ce dans les champs semés d'or de la Californie.

Yesaimen n'avait plus rien à dire : convaincu ou non, il eut la politesse de ne pas insister. Invités à prendre quelques rafraîchissements, lui et ses compagnons acceptèrent volontiers ; quelques offi- ciers d'une barque du gouvernement qui s'étaient approchés du navire et qu'on engagea à y monter se joignirent à eux avec empressement.

Tous se montrèrent enchantés de l'hospitalité of- ferte dans la cabine, et, avant de se retirer, ils ne manquèrent pas, selon leur habitude, de faire dans leurs grandes manches des provisions de tout ce qu'ils pouvaient emporter.

Cet incident et plusieurs autres du même genre prouvent surabondamment que l'exclusisme fier et jaloux du système japonais n'est pas un trait gé- néral de la nation, et qu'il ne caractérise que les membres du gouvernement.

Le peuple est non-seulement accessible aux étrangers, mais très désireux de nouer des rela- tions libres et amicales avec eux.

Ce fait est de bon augure pour l'avenir, en don- nant l'espoir que cette belle contrée s'ouvrira, non pas simplement au commerce des autres peuples, mais encore à l'influence chrétienne. Toutefois, il ne faut pas se le dissimuler, cette parole de l'E- vangile : « L'affection de la chair est inimitié contre Dieu ; car elle ne se soumet pas à la loi de Dieu, et aussi elle ne le peut, » est vraie en tout pays, et il n'y a pas plus à attendre, sous ce rapport, de l'ido- lâtre doux, poli et civilisé, que du sauvage le plus cruel et le plus abruti. Sous les formes les plus di- verses bat un cœur humain toujours le même, tou- jours « rusé et désespérément malin par-dessus toutes choses. » Ces considérations, en modérant l'attente, exagérée peut-être, du succès des efforts tentés pour la conversion du monde, ne font que donner plus de relief et de force au système réparateur et glorieux que présente l'Evangile. En nous faisant sentir notre faiblesse, elles nous portent à nous confier en la parole de celui qui a dit : « Tout pouvoir m'est donné dans le ciel et sur la terre. Allez donc et instruisez toutes les nations. Et voici je suis avec vous tous les jours jusqu'à la fin du monde. »

Lorsque les bateaux envoyés en excursion revinrent, les officiers et les marins qui les montaient ne tarirent pas en éloges de la beauté du pays et de la bonté des habitants. Rien, en effet, de plus pittoresque que le paysage qui s'offrait à l'œil dans toutes les directions. On ne se lassait pas de contempler cette superbe nature, ces innombrables et gracieux villages encadrés dans des bosquets au fond de chacune des anses du rivage, ces rivières coulant le long des fraîches pentes des collines, puis serpentant au milieu des prairies. Tout paraissait combiné pour que cette scène de beauté et d'abondance attirât et charmât les regards.

Captivés par ce luxe de la nature, ceux qui l'ont contemplé en ont trop hâtivement conclu que les habitants de cette terre enchantée devaient y trouver le bonheur, comme dans un nouveau paradis terrestre. Que de fois ne pensons-nous pas de même, en traversant, sous un beau ciel d'été, quelque scène champêtre de nos contrées ! Les bois touffus,

les champs fertiles , la tranquille chaumière entourée de son verger et de son jardinet aux rosiers
grimpant le long des murs , le rayon de soleil entrant par la fenêtre et illuminant le pauvre intérieur... tout cela produit une impression de calme
et de bonheur qu'on fait involontairement partager
aux habitants de ces campagnes. — Ce sentiment
peut être vrai ; mais il faut pour cela que Dieu ne
soit pas exclu des cœurs et des demeures, car,
sans sa présence, pauvres et riches, Japonais et
Européens sont également éloignés des sources de
la bénédiction et de la véritable joie.

Le commodore lui-même continua le voyage de
découverte le long de la baie, et arriva, dans l'une
de ses excursions, presque en vue d'Yeddo. Il en
aperçut le port ; mais la ville, n'ayant pas de monuments élevés, était complétement cachée derrière une pointe du rivage. Le vaisseau n'en était
probablement qu'à la distance d'une dizaine de
milles ; mais on ne voulut pas avancer davantage
de peur de donner trop d'alarme , et de compro-
mettre ainsi le succès des négociations.

Sur ces entrefaites , Yesaimen et ses interprètes
étaient revenus, chargés de présents ; mais on ne
put les recevoir sur les navires en l'absence du
commodore. A peine celui-ci était-il de retour, que
le gouverneur d'Uraga parut de nouveau. Les présents qu'il apportait, de peu de valeur en eux-
mêmes , étaient intéressants comme spécimens de
l'industrie japonaise. C'étaient des pièces de soie
d'un tissu très fin , entremêlé de fil d'or et d'ar-

gent formant des dessins variés et très riches ; des éventails, couverts de dragons et d'allégories, qui font les délices de l'art indigène ; des tasses d'un bois très léger, finement travaillées et recouvertes du fameux vernis du Japon ; enfin des pipes, fort petites et assez semblables à celles qu'on avait vues à Liou-Kiou.

Yesaimen, informé que ses présents ne pouvaient être acceptés qu'à condition de réciprocité, s'opposa d'abord à recevoir quelque chose du commodore, sous le prétexte invariable que la loi japonaise l'interdisait. On lui répondit que la loi américaine, au contraire, exigeait réciprocité en pareille matière. Le commodore se montra si bien décidé, qu'Yesaimen consentit à recevoir de lui quelques objets, de valeur supérieure à ce qu'il avait apporté. Mais il ne voulut, d'abord, se charger que de ce qui pouvait se dissimuler dans les larges plis de ses vêtements. Ce n'était pas ce qu'entendait le commodore. Aussi le pauvre gouverneur dut-il céder à la menace de voir ses propres présents renvoyés à terre s'il ne consentait pas à emporter, ouvertement et ostensiblement, ce qu'il venait de recevoir. On lui fit grâce cependant de trois épées, qu'il ne put se résoudre à accepter.

La barque du gouverneur reparut dans l'après-midi. Il revenait, avec ses interprètes, joyeux de n'avoir pas été inquiété à terre au sujet des présents reçus le matin. Il apportait plusieurs boîtes remplies d'œufs, ainsi que des volailles dans des cages d'osier. En échange de ces cadeaux, le commodore leur offrit quelques présents pour leurs femmes, décidé qu'il était de ne rester à leur égard chargé d'aucune obligation. C'était un grand point de gagné, car jusque-là les Japonais n'avaient jamais ni consenti à un échange, ni condescendu à recevoir le moindre présent d'un étranger.

Au nombre des objets offerts par le commodore à Yesaimen se trouvait une grande boîte pleine de graines américaines, et plusieurs bouteilles de vin, ce qui parut lui causer un grand plaisir. Le gouverneur et ses compagnons avaient peine à quitter le navire et retardaient autant que possible le moment de prendre définitivement congé de leurs nouveaux amis. Ils étaient devenus gais et communicatifs à la table où on leur avait servi la collation d'adieu; mais nous devons ajouter, à regret, que le vin de Champagne était pour quelque chose dans les manifestations de ces dispositions joyeuses, bien que le caractère d'Yesaimen fût naturellement ouvert et gai.

Son affection pour ses amis d'Amérique était, disait-il, si grande qu'il ne pourrait se séparer d'eux sans verser des larmes. — Les autres, bien que plus réservés, se livraient aussi à des confidences. Tatznoske, d'un air important, donnait à entendre que la lettre du président avait chance d'obtenir une réponse satisfaisante, et que Yesaimen y gagnerait de l'avancement. Mais, en dépit de toute cette animation des politiques japonais, le bout de l'oreille perçait toujours : ainsi, l'un des officiers ayant informé Tatznoske de l'intention du commodore de quitter dès le lendemain la baie d'Yeddo, le prudent personnage posa immédiatement son verre, et demanda une déclaration écrite de ce qu'on venait de lui annoncer. Il va sans dire que sa demande fut rejetée, comme impliquant un doute sur la véracité de l'officier qui venait de parler.

Les officiers japonais se disposèrent enfin à partir. Après avoir exprimé dans les termes les plus courtois leur reconnaissance pour le bon accueil qu'on leur avait fait, et le regret de quitter leurs amis, ils donnèrent une affectueuse poignée de main à chacun des officiers, et passèrent dans leurs bateaux toujours saluant et souriant. Pas plutôt assis sur sa natte, on vit Yesaimen faire honneur aux présents qu'il avait reçus, en ordonnant d'ouvrir en hâte une des caisses de vin. S'étant saisi d'une bouteille, il en cassa le cou sans cérémonie, et se mit à en boire le contenu. Cependant la barque atteignit bientôt le promontoire d'Uraga, derrière lequel disparurent le courtois Yesaimen et ses savants associés Tatznoske et Toksaro.

Le lendemain, l'escadre quittait la baie, en lui laissant le nom de *baie de Susquehanna*. La matinée était magnifique, et le départ des vaisseaux étrangers, qui se mouvaient d'une manière si nouvelle et si imposante, fut pour les Japonais un grand événement. Ils s'assemblèrent en foule sur les rivages. Vers le promontoire d'Uraga les soldats sortaient des batteries et grimpaient sur les hauteurs pour suivre de l'œil les navires, tandis que des centaines de barques pleines de spectateurs glissaient sur les eaux.

L'escadre arriva à Napha le 25 juillet, après une traversée de huit jours sur une grosse mer, par un temps orageux.

IV

A peine arrivé à Napha, le commodore, qui ne
comptait pas cette fois y rester longtemps, fit
demander au régent une entrevue immédiate. Il
fallait agir promptement et ne pas laisser les Liou-
kiouens user de leur politique temporisante, en
s'exposant à leurs lenteurs.

Le succès comparatif obtenu au Japon autorisait
ici la demande de concessions nouvelles, et faisait
espérer qu'on obtiendrait, sans avoir recours à aucun moyen coërcitif, un relâchement de la rigueur
des lois envers les étrangers.

Un des vaisseaux, resté à Napha pendant la
mission du reste de l'escadre au Japon, avait été
régulièrement fourni des provisions nécessaires,
dont les naturels avaient accepté le payement par
l'entremise du docteur Bettelheim ; et les officiers
du navire assuraient que le peuple n'avait montré

aucun sentiment hostile, bien que se tenant toujours sur la réserve et ne se désistant pas de son système d'espionnage.

La conférence demandée par le commodore lui fut aussitôt accordée, mais auparavant le capitaine Adams fut chargé de présenter par écrit au maire de Napha quelques propositions au sujet des points en litige.

Ces instructions avaient pour but principal d'obtenir un bâtiment sur le rivage pour l'entrepôt du charbon, et une maison d'habitation; on en payerait le loyer, à moins que le gouvernement ne préférât laisser le commodore élever ces constructions à ses frais. Quant aux espions, ajoutait-on, s'ils continuaient à s'attacher ainsi aux pas des officiers, il pourrait en résulter de fâcheuses conséquences et même l'effusion du sang, ce que le commodore déplorerait vivement, désirant continuer à vivre en bonne amitié avec les autorités. Si donc il arrivait quelque trouble de cette nature, la faute en serait aux Liou-Kiouens, qui n'avaient pas le droit de soumettre à ces vexations des citoyens américains vaquant tranquillement à leurs affaires.

Venaient ensuite le conseil adressé au gouvernement de Liou-Kiou d'abroger des lois et des coutumes en désaccord avec l'esprit du temps actuel, et qu'ils n'avaient plus le pouvoir de soutenir; puis quelques autres considérations au sujet du port, des provisions et du marché. Le commodore terminait en remerciant les autorités d'avoir fait mettre une pierre sur la tombe d'un jeune mousse mort à bord du *Susquehanna*, et il demandait la permission de rembourser cette dépense.

A tout cela, le magistrat de Napha répondit par des assurances de son incapacité à décider de pareilles matières, et il fallut en référer au régent, qui devait se rencontrer le lendemain avec le commodore.

L'entrevue eut lieu en effet; mais, comme d'habitude, on commença par procéder d'une manière évasive. Le régent apportait au commodore une réponse par écrit à ses propositions : elle n'était satisfaisante que sous le rapport de l'espionnage. Il assurait que les gens qui avaient suivi ainsi les Américains n'étaient pas des espions, mais des officiers chargés de leur servir de guides, et d'empêcher le peuple de leur causer des ennuis. Si leurs services n'avaient pas été trouvés agréables et si leur présence était importune, ils seraient avertis de ne plus suivre dorénavant les pas des étrangers.

Après qu'un interprète chinois lui eût donné lecture de cette lettre, le commodore ordonna qu'elle fût aussitôt rendue au régent, à qui il adressa quelques reproches sur sa répugnance à céder à des requêtes si simples et si raisonnables. Puis, se levant et se disposant à se retirer, il annonça que, si le lendemain à midi une réponse satisfaisant à toutes ses demandes ne lui était pas apportée à bord, il descendrait à terre avec deux cents hommes, marcherait sur Sheudi, et s'emparerait du palais, qu'il garderait jusqu'au plein succès des négociations.

Bien qu'effrayé de ce procédé impérieux, le régent ne se départit pas un instant de sa politesse habituelle. Il accompagna le commodore à la porte, et resta là debout jusqu'au départ du dernier officier.

Sur ces entrefaites, un incident, de fort peu d'importance en lui-même, vint aider pourtant à la réalisation des plans du commodore. Le charpentier du navire avait été envoyé à terre pour chercher le palanquin qui avait servi lors de la grande procession au palais de Sheudi, et qui était resté depuis ce jour déposé dans le temple de Fumaï. Les timides habitants de Liou-Kiou suivirent avec une grande anxiété les mouvements du charpentier. Il était évident que leur imagination alarmée leur représentait le commodore porté dans ce char de victoire, et faisant son entrée triomphante dans les murs de leur capitale.

Le lendemain, à dix heures du matin, le maire de Napha était à bord du *Susquehanna* avec la nouvelle de l'acceptation de toutes les propositions, ne faisant d'objection qu'en ce qui concernait le marché à ouvrir. Les habitants, et surtout les femmes, n'aimant pas à trafiquer avec les étrangers, il fut décidé qu'un bazar pour la vente des divers produits du pays serait ouvert dans le *kung-qua* situé entre Napha et Sheudi.

Ajoutons, pour l'intelligence du lecteur, qu'un *kung-qua* est une espèce de caravansérail, ou lieu de halte et de repos, où les voyageurs passent la nuit sur des nattes.

Au jour fixé pour l'ouverture de ce bazar, les Américains, qui devaient mettre à la voile dans la matinée, descendirent à terre dès six heures. Ils trouvèrent le marché garni de véritables tas de productions indigènes : un assortiment bigarré de tasses, d'assiettes et de boîtes de laque; des pièces de cette étoffe de tissu d'herbe semblable aux mouchoirs venant de Chine, que nous connaissons en Europe, et différents articles du costume national, tels que des ceintures de soie ou de coton, des sandales de paille, et des épingles d'argent ou de cuivre pour tenir la coiffure, des éventails, des boîtes de *chouchou*, des pipes et une grande provision de tabac.—L'interprète *Ichirazichi*, accompagné de quelques officiers subalternes, faisait l'office de courtier général. En très peu de temps, les Américains eurent terminé leurs emplettes, et laissé sur le comptoir plus de deux cents dollars.

Le prix des marchandises n'était pas élevé d'abord ; mais les indigènes, dont les talents commerciaux se développaient de moment en moment, firent, vers la fin, payer à quelques-uns le double du prix demandé à d'autres pour un article semblable.

Les objets achetés étaient en eux-mêmes de peu d'importance : le grand intérêt de la circonstance consistait dans le fait que ce trafic avec des étrangers était le premier qui eût jamais été permis.

C'était une infraction directe aux lois fondamentales de l'île, dont le renversement ne peut manquer d'être un grand bien pour les habitants.

Cette même matinée le commodore dut partir pour la Chine. Sa présence y était réclamée par l'aspect menaçant des affaires dans un moment où des révolutions bouleversaient le Céleste Empire. Un seul vaisseau fut laissé à Napha, pour y maintenir les relations de bonne amitié qui commençaient à s'établir entre les Américains et les indigènes, dont la cordialité s'accroissait peu à peu.

Le commodore Perry passa les cinq mois suivants dans les différents ports de la Chine. Son intention avait d'abord été d'attendre le printemps pour retourner au Japon ; mais les circonstances l'amenèrent à modifier ses plans. L'escadre donc remit à la voile dès les premiers jours de l'année, et se retrouva, pour la quatrième fois, dans les eaux de Napha, le 20 janvier 1854.

En renouant ses relations avec les Liou-Kiouens, le commodore fut agréablement surpris de les trouver beaucoup plus ouverts et mieux disposés. Les autorités fournissaient volontiers ce qui leur était demandé, et parmi le peuple la réserve avait considérablement diminué : les femmes même et les enfants ne s'enfuyaient plus à l'approche des étrangers.

Dans le but d'affaiblir par l'habitude la répugnance qui s'était manifestée à l'occasion de sa visite au palais royal de Sheudi, le commodore annonça son intention formelle de la renouveler. Le régent fit d'abord quelques difficultés ; mais on lui fit observer que c'était un témoignage de respect pour le royaume de Liou-Kiou : il ne lui resta donc, en présence de la résolution du commodore, qu'à prendre les choses par leur plus beau côté et à faire les préparatifs nécessaires.

La visite eut lieu avec le même cérémonial que la première fois : même collation offerte dans la demeure particulière du régent, et cette fois-ci les Américains, dont le palais s'était un peu accoutumé à la cuisine de leurs hôtes, eurent moins de peine à y faire honneur. A la fin du banquet, chacun des convives reçut une carte rouge qu'on lui dit être un billet d'hospitalité, donnant droit à des rafraîchissements et à d'autres priviléges à Napha. C'est un curieux usage, dont le but paraît être de prolonger les fêtes d'une manière indéfinie, et qui donne bonne idée de l'hospitalité des Liou-Kiouens.

Le commodore désirait obtenir pour son gouvernement une collection des diverses monnaies en usage dans le pays. Il en offrait naturellement la valeur en argent américain. On lui répondit qu'il ne se trouvait pas d'argent monnayé dans toute l'île. Trouvant le fait peu vraisemblable, le commodore laissa entre les mains des fonctionnaires du gouvernement une cinquantaine de dollars, annonçant qu'il attendait avant son départ l'échange de cette somme en monnaie japonaise ou indigène. La veille du départ de l'escadre on lui renvoya les dollars, en déclarant par écrit que tous les échanges avec les Japonais se faisant en nature, il n'y avait pas moyen d'accéder à sa demande. Le commodore ne voulut pas reprendre l'argent américain, qui resta en la possession du gouvernement.

Au moment de quitter Napha, le commodore Perry reçut une communication du gouverneur hollandais annonçant la mort de l'empereur du Japon, survenue peu après la réception de la lettre du président. Le gouvernement japonais, ainsi le portait cette communication, avait prié le surintendant hollandais en résidence à Nagasaki de faire part aux Américains de cet événement qui, d'après les lois et coutumes du pays, occasionnait beaucoup de cérémonies de deuil et de formalités pour la succession au trône. Il fallait s'attendre à un ajournement indéfini de l'examen des demandes faites par le président des Etats-Unis. On insistait, en conséquence, pour que l'escadre ne revînt pas dans la baie d'Yeddo au temps indiqué.

Le commodore n'ayant pas, lors de son premier séjour, entendu parler d'une maladie de l'empereur, était porté à soupçonner quelque ruse des Japonais tendant à le détourner de son projet. Persuadé, du reste, que même si le fait était vrai, il n'y avait pas de raison pour qu'il retardât son voyage, il mit à la voile et se retrouva le 11 février à l'entrée du golfe d'Yeddo.

L'aspect du pays était bien différent cette fois. Le souffle de l'hiver avait passé sur la riche verdure; les bosquets touffus et les frais paysages n'offraient plus à l'œil qu'un aspect sombre et désolé. Le haut sommet du Fousi-Yama dans son blanc manteau d'hiver dominait les chaînes de montagnes de l'intérieur qui, elles aussi, tout enveloppées de neige, semblaient regarder d'un air morne le paysage dépouillé. L'air était froid et le vent impétueux.

L'expérience acquise par le premier voyage permit aux vaisseaux de s'avancer avec sécurité le long de la magnifique baie. A peine les ancres étaient-elles jetées à la distance d'environ douze milles au delà d'Uraga, que deux bateaux du gouvernement qui avaient suivi rapidement le sillage des navires se trouvèrent bord à bord avec le *Susquehanna*.

Le capitaine Adams fut, comme précédemment, chargé de recevoir la députation japonaise. Elle se composait d'un haut dignitaire annoncé sous le nom de *Kura-Kawa-Kahie*, des deux interprètes déjà connus, et de trois individus vêtus de gris et paraissant faire particulièrement bon usage de leurs yeux : en effet, ils se trouvèrent être de ceux qu'on appelle *metske dwantinger*, c'est-à-dire *ceux qui regardent dans toutes les directions*, en d'autres termes, des espions ou rapporteurs.

Ils furent tous reçus avec le même cérémonial, et la conversation s'engagea comme toujours d'une manière polie et amicale. On leur demanda des nouvelles de Yesaimen, qui avait eu une si grande part aux négociations précédentes. Ils répondirent que, malade dans ce moment, il comptait cependant être bientôt en état de présenter ses respects au commodore.

Ils expliquèrent là-dessus le but de leur visite. Ils venaient prier le commodore de s'en retourner à Uraga, où deux officiers supérieurs l'attendaient pour conférer avec lui. Le capitaine Adams répondit, comme il en était chargé, que le commodore Perry ne consentirait pas à retourner sur ses pas, mais qu'il était prêt à recevoir les envoyés du gouvernement japonais sur le rivage près duquel se trouvait l'escadre; dans le cas où cette proposition ne serait pas agréée, il continuerait à remonter la baie, se rendant à Yeddo même pour y chercher la réponse attendue.

Les affaires terminées, les Japonais prirent part à une collation et à une conversation amicale; après quoi ils se retirèrent, toujours gracieux et polis, mais évidemment impressionnés de l'attitude résolue des Américains. Ils revinrent cependant le lendemain, offrant un autre endroit pour siége de la conférence, sans avoir l'air de se souvenir qu'ils avaient assuré la veille qu'Uraga était le *seul* désigné par l'empereur. — La réponse fut encore un refus, la place indiquée n'étant pas propre au mouillage des navires.

Les Japonais parurent alors un peu inquiets, comme s'ils craignaient que les Américains ne fussent disposés à prendre une attitude hostile à leur égard; ils demandèrent avec quelque anxiété si le commodore avait réellement des intentions bienveillantes comme l'étaient celles de leur gouvernement. Le capitaine Adams fit son possible pour les rassurer, leur déclarant que les Américains n'avaient aucune raison d'agir autrement qu'en amis. Leur plus grand désir, continua-t-il, était d'établir de bonnes relations avec le Japon, et le principal motif en refusant de se rendre à la proposition qui leur était faite, était le danger réel que couraient les navires dans un mouillage peu sûr.

Il proposa alors que l'envoyé du gouvernement vînt lui-même à bord du *Susquehanna*. Ce n'était pas possible, au dire des Japonais. « Vous ne pouvez être reçus à Yeddo, » fut enfin la réponse donnée avec un peu d'emphase à la remarque faite par le capitaine, que, à l'exemple de tous les autres pays, il serait naturel de traiter d'une affaire si importante dans la capitale même.

Le commodore dut, à son tour, répondre par un refus à la prière qui lui fut adressée de ne plus envoyer de chaloupes en reconnaissance dans la baie ; car jugeant important, au contraire, d'en faire dresser une bonne carte, il profitait pour cela de toutes les occasions favorables, en dépit de l'anxiété et de la jalousie des autorités japonaises.

A propos de la mort de l'empereur, dont on ne parlait qu'à mots couverts, le capitaine Adams hasarda quelques questions.

« L'escadre avait entendu parler, dit-il, de la mort d'un haut dignitaire : était-ce vrai ?

« — Oui, un grand personnage est mort dernièrement.

« — Quel était son rang ?

« — C'était un prince. »

Il était très difficile d'arriver à la vérité, les Japonais sachant toujours répondre de la manière du monde la plus évasive à des questions toutes simples sur des faits positifs.

Les nouvelles connaissances des Américains revenaient tous les jours, sous un prétexte ou sous un autre, et chaque fois il était question de l'arrivée à Uraga du grand personnage avec lequel les conférences devaient avoir lieu.

Voyant leur ténacité, le commodore leur fit remettre une lettre pour le grand commissaire. Il y expliquait encore les raisons qui l'empêchaient de retourner à Uraga, et même de laisser l'escadre plus longtemps dans le mouillage actuel : le temps était mauvais, et de si grands navires ne pouvaient rester à l'ancre dans un lieu si peu abrité. Il proposait d'envoyer à terre le capitaine Adams, si l'on voulait y faire venir un officier de rang convenable pour se rencontrer avec lui dans une entrevue amicale, afin d'y décider la question.

Après quelques nouveaux pourparlers, la visite du capitaine Adams eut lieu à Uraga. Il débarqua avec une suite de quelques officiers ; des fonctionnaires japonais les reçurent et les conduisirent dans un pavillon de bois nouvellement construit. Ils furent introduits dans une grande salle, au sol couvert d'épaisses et fines nattes ; à quelques pieds des murs étaient rangés de longs sofas d'une espèce de feutre rouge, devant lesquels se trouvaient des tables recouvertes de tapis de crêpe soyeux.

Les Américains furent invités à s'asseoir du côté gauche, ce qui, dans le pays, est la place d'honneur. A peine l'avaient-ils fait que le prince japonais, escorté de deux grands dignitaires, entra par une porte qui donnait sur une pièce intérieure. A

son apparition, le gouverneur, les interprètes et
les autres fonctionnaires qui avaient accompagné
les Américains, tombèrent sur leurs genoux, position qu'ils conservèrent tout le temps de l'entrevue,
inclinant même parfois leur front jusqu'à toucher
le sol.

Le prince et sa suite prirent place en face des
Américains, tandis qu'une file de cinquante soldats
se rangeaient, également à genoux, derrière les
grands personnages.

Avec son riche costume, sa haute stature, sa
figure expressive et bienveillante, ses manières de
grand seigneur, le prince avait vraiment un aspect imposant. Se levant pour s'adresser au capitaine Adams, il lui exprima gracieusement son plaisir de le voir. Ses paroles étaient traduites d'abord
en hollandais, puis en anglais par l'interprète qui
accompagnait les Américains.

L'entrevue ainsi commencée se continua de la
manière la plus amicale, mais sans amener aucun
résultat positif, les Japonais revenant sans cesse
à leur proposition d'Uraga, et les Américains déci-
dés à ne pas céder sur ce point.

On offrit du thé dans de charmantes petites
tasses de Chine, placées sur des plateaux de magnifique laque, avec une espèce de gâteaux qui
ressemble à ce que nous appelons des *savarins*, puis
des confitures, des fruits et leur *saki*, les interprètes s'excusant sur la frugalité de cette collation.
Le prince s'était retiré un moment, et l'on causait
sans cérémonie, bien que les Japonais ne perdis-

sent jamais de vue le but où tendaient tous leurs efforts, et qui était d'empêcher les étrangers de s'avancer jusqu'à la capitale.

En rentrant, le prince fit remettre sa carte au capitaine Adams : elle portait les noms et qualités de *Hayaschi-Daigaku-no-Kami*. Il s'était consulté avec ses collègues au sujet de la lettre du commodore, et promettait d'y répondre dans trois jours. Ici le capitaine Adams insista encore fortement sur la nécessité de ne pas tarder davantage, et de s'expliquer, au terme fixé, d'une façon catégorique, le chef d'escadre voulant envoyer un de ses vaisseaux en Amérique pour y rendre compte à son gouvernement du progrès des négociations; et pour prévenir, si possible, le départ des navires qui devaient le rejoindre, mais dont la présence ne serait pas nécessaire, si l'on était arrivé à une conclusion satisfaisante.

Le capitaine Adams et ses officiers eurent quelque peine à gagner leurs vaisseaux : la mer était agitée par une tempête, et ils durent attendre pour s'embarquer que le vent fût un peu apaisé. Ils ne se mirent en route, du reste, qu'après avoir reçu, selon l'usage japonais, de grands sacs de papier contenant les restes des rafraîchissements qu'on leur avait offerts. Quelques-uns d'entre eux acceptèrent la proposition que leur firent les officiers japonais de les reconduire dans leurs barques nationales; ils furent frappés, à cette occasion, de la supériorité de celles-ci pour naviguer par le gros temps. Ils arrivèrent au navire sans une éclabous-

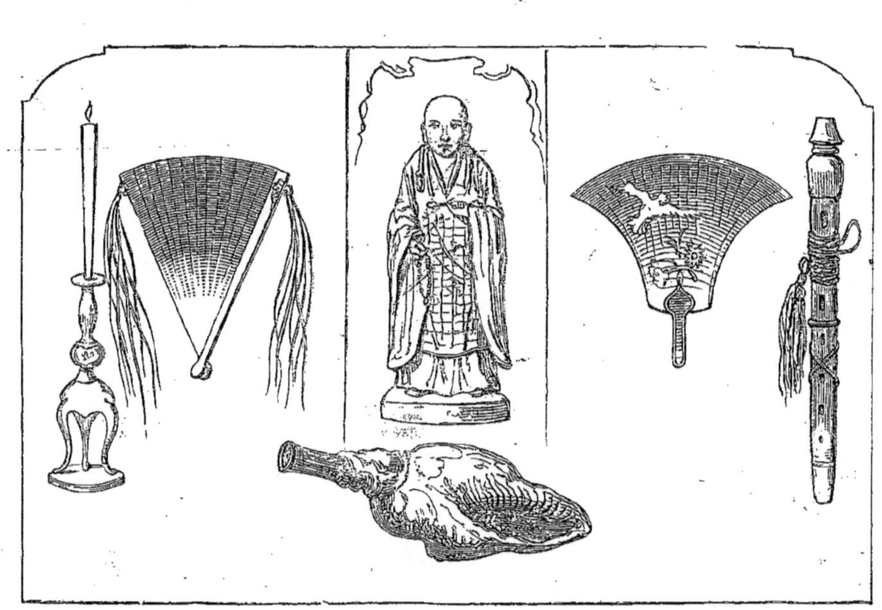

Image de Boudha, instruments de musique, éventails (page 188). —

sure d'eau de mer, tandis que leurs compagnons, revenus dans les chaloupes, remontaient à bord avec leur uniforme tout trempé.

Dans la matinée du jour suivant, les officiers américains eurent la visite de notre ancienne connaissance, le gouverneur Yesaimen, qui reparaissait sur l'horizon aussi gracieux, aussi affectueux que jamais, enchanté, disait-il, de retrouver ses amis d'Amérique. Ceux-ci, étonnés de ne pas le voir plus tôt, avaient craint assez naturellement que sa conduite à leur égard n'eût déplu au gouvernement, et qu'il n'eût été disgracié ou obligé de se donner la mort à la manière des grands du royaume.

Le pouvoir du souverain étant absolu et sans limites dans l'Empire du Soleil, il suffit, en effet, du moindre mécontentement ou d'un léger caprice pour que l'ordre funèbre soit envoyé aux plus puissants seigneurs. Ils n'essayent jamais de s'y soustraire ; l'honneur japonais consiste au contraire à recevoir avec un front serein le présent significatif du *siogoun*, qu'on leur apporte gracieusement posé sur un éventail. C'est un petit sabre ou poignard d'une forme particulière, avec lequel le condamné, coupable ou non, doit immédiatement s'ouvrir le ventre, après quoi un officier placé derrière lui (c'est souvent un ami ou un serviteur qui accomplit cet office), lui tranche la tête.

On affirme que la même coutume despotique existe en Chine ; là, comme au Japon, tous les nobles peuvent s'attendre à ce funèbre message. L'opinion veut même que si, après s'être ainsi fendu le ventre par deux blessures en forme de croix, le malheureux a encore la force et le courage de se couper la gorge avec l'instrument fatal, il s'immortalise dans la mémoire de ses compatriotes, qui le regardent désormais comme un héros. — Cette manière de se tuer soi-même sur l'ordre du *siogoun* est le fameux *hara-kiri* sur lequel nous avions promis quelques mots d'explication. Il ne nous reste plus à ajouter sur ce sujet que le détail suivant. Le *hara-kiri* remplace encore, pour les Japonais, la mode européenne du duel. L'offensé, revêtu d'une robe spéciale et qu'on pourrait appeler mortuaire, cherche à rencontrer son adversaire dans les rues ou sur les places publiques, puis là, à sa vue, il se fend le ventre avec son petit sabre. L'offenseur doit immédiatement suivre cet exemple; s'il reculait, une si grande infamie s'attacherait à son nom qu'on ne cite aucun Japonais assez lâche pour l'avoir préférée à la mort. N'est-il pas curieux de voir l'honneur entendu dans des sens si divers? Et combien, en présence de ces coutumes barbares, qu'on les appelle duel ou *hara-kiri*, il paraît sublime cet ordre donné et pratiqué par le Fils de l'Homme : « Aimez vos ennemis, bénissez ceux qui vous maudissent, faites du bien à ceux qui vous haïssent, et priez pour ceux qui vous outragent et qui vous persécutent! »

Revenons à Yesaimen. Comme on l'avait déjà dit, il expliqua son absence par une maladie, et par l'immense pression des affaires publiques. Il tenta surtout d'obtenir du capitaine Adams la promesse d'user de son influence pour qu'on se décidât à accepter Uraga comme lieu de conférence; il finit par s'engager lui-même à obtenir une réponse un peu prompte à la lettre qui venait d'être remise au prince.

Sur ces entrefaites, le commodore, ne comptant guère sur le résultat de la visite du capitaine à Uraga, s'était déterminé à mettre sa menace à exécution. A son ordre, l'escadre s'était transportée assez avant dans la baie pour qu'on pût voir, du haut du grand mât, la ville d'Yeddo, et en entendre distinctement le son des cloches pendant la nuit. Ce fut là que le vaisseau *Vandalia*, qui avait conduit le capitaine Adams à Uraga, rejoignit l'escadre, apportant la réponse insignifiante du prince haut commissaire. Yesaimen arriva bientôt après, et, trouvant le commodore inébranlable dans ses résolutions, il abandonna tout à coup l'ultimatum dans lequel s'étaient renfermés les commissaires japonais, et proposa un lieu de réunion tout voisin du village d'*Yoku-Hama*, en face duquel l'escadre se trouvait alors à l'ancre. L'explication de ce changement subit, au bout de dix jours de lutte, pendant lesquels toutes les objections possibles avaient été présentées, se trouve dans le fait que l'escadre n'était plus qu'à 12 kilomètres de la capitale de l'empire.

Le commodore accepta la proposition, et l'on commença immédiatement à construire, au bord de la mer, le bâtiment qui devait servir aux conférences. Les vaisseaux furent placés de front, à deux kilomètres de Yoku-Hama, couvrant de leurs batteries une étendue de rivage de plus de cinq milles.

En attendant le 8 mars, jour fixé pour l'entrevue, on communiqua encore avec Yesaimen, qui s'informa du nombre et des noms des officiers de l'escadre afin de préparer des présents pour tous. Le commissaire chargé de représenter l'empereur à la conférence était annoncé comme le plus haut fonctionnaire de l'empire ; il devait être accompagné de cinq dignitaires, et investi des pouvoirs nécessaires pour trancher toutes les difficultés.

V

Des villes, des villages, populeux et animés,
couvrent en grand nombre la rive occidentale de la
baie d'Yeddo depuis l'endroit où, resserrée comme
par une ceinture, elle se sépare du golfe proprement dit, jusqu'à la capitale. Cette ligne de population n'est interrompue, de distance en distance,
que par des promontoires élevés, sentinelles avancées des hautes montagnes de l'intérieur. Ces crêtes
sont couvertes de batteries, plus formidables en
apparence qu'en réalité.

Yoku-Hama, en face duquel stationnaient les neuf
vaisseaux qui composaient alors l'escadre, est un
de ces beaux villages aux nombreux habitants. Les
commissaires japonais avaient pris leurs quartiers
à *Kanagawa*, grande ville que le commodore eût
choisie pour les conférences s'il eût été possible
d'en faire approcher les navires à une portée de

canon. C'est cette impossibilité qui lui avait fait préférer Yoku-Hama.

La *maison du traité*, si rapidement improvisée, avait été bâtie au milieu d'une plaine, non loin de la mer. C'était une assez vaste construction en bois de pin, avec des toits pointus, et tendue à l'extérieur d'un drap de couleur sombre, sur lequel étaient représentées, en teintes éclatantes, les armes et la devise du principal délégué de l'empereur. L'intérieur était divisé en plusieurs pièces, au centre desquelles se trouvait la salle de réception, d'une dimension de quarante à soixante pieds carrés.

De très bonne heure, le 8 mars, un grand mouvement se manifesta sur le rivage. Les ouvriers indigènes s'empressaient de couvrir la *maison du traité* de drapeaux et de gais ornements; de longues bannières de toile blanche, traversée au milieu par une large raie rouge, flottaient de chaque côté de l'entrée; et sur le faîte du bâtiment on avait fixé une perche surmontée d'un ornement assez semblable à un candélabre à plusieurs branches, auquel pendait un lourd et riche gland de soie.

Des troupes de musiciens, d'enseignes, de lanciers, manœuvraient dans le plus bel ordre, faisant resplendir au soleil leurs chapeaux vernis, leurs uniformes bariolés, leurs lances polies et leurs étendards rouges aux brillantes armoiries. On n'avait pas cherché à déployer de grandes forces militaires. Il ne se trouvait là, en fait de soldats, que ceux qui marchaient à la suite de chacun des grands dignitaires japonais, et qui, réunis, ne formaient qu'une petite troupe de gardes du corps.

Une immense population venue des villes et des bourgs environnants, et animée d'une ardente curiosité, se pressait sur le rivage, de chaque côté de l'espace laissé libre pour le débarquement, et que de fortes barrières protégeaient contre l'invasion des spectateurs. — Quelques agents de police étaient activement occupés à surveiller les travailleurs, et à empêcher tout désordre parmi la foule.

Bientôt on vit, dans la direction de Kanagawa, s'avancer une barque spacieuse aux banderoles flottantes, aux ornements de toutes couleurs ; elle amenait, en grande pompe, les seigneurs japonais. Arrivés à une petite distance du rivage, ces dignitaires et leur suite descendirent dans des canots, au milieu d'un nombre immense de bateaux de toute espèce, portant tous le pavillon national.

Le ciel était pur, et malgré ce qui restait encore au paysage de son aspect d'hiver, un air de fête semblait répandu sur toutes choses.

Le commodore avait voulu déployer, à l'occasion de cette seconde descente sur la terre du Japon, toute la pompe dont il pouvait disposer, sachant combien ce peuple aux mœurs cérémonieuses et artificielles est accessible à ces influences extérieures. En conséquence, tous les officiers et les soldats qui n'étaient pas absolument retenus sur les navires par leur service, avaient reçu l'ordre de le suivre. Ils devaient être en uniformes et en armes comme pour un jour de bataille. Les matelots, en jaquette bleue, devaient être armés de mousquets, de pistolets et de coutelas. Chacun des musiciens même avait été pourvu d'un sabre et de pistolets. — L'escorte ainsi composée, et comptant cinq cents hommes, devait donner aux spectateurs étonnés l'idée d'une grande force militaire.

A onze heures et demie, toute cette petite armée embarquée dans vingt-sept chaloupes sous le commandement du capitaine Buchanan, s'avança en bon ordre vers le rivage. Aussitôt débarqués, les soldats se rangèrent en bataillon carré, laissant un espace vide au milieu ; les officiers se groupèrent sur le rivage, et les bateaux furent placés en deux divisions égales, de chaque côté de l'embarcadère, les pointes tournées vers la mer.

A ce moment le commodore descendit du *Powhattan* dans sa chaloupe, au bruit d'une salve de dix-sept coups de canon. Dès qu'il eut mis pied à terre, les officiers qui l'attendaient se rangèrent à sa suite, les marins présentèrent les armes, et la musique des trois steamers se mit à exécuter un air vif et brillant.

Une troupe de gardes japonais au riche costume, portant bannières et drapeaux, était rassemblée de chaque côté de l'entrée de l'édifice où le traité devait être signé. Après avoir passé au milieu d'eux, le chef d'escadre et son état-major furent reçus par un grand nombre de fonctionnaires, qui, la tête découverte, leur servirent d'introducteurs.

Au moment où ils faisaient ainsi leur entrée, des obusiers, placés sur l'avant des plus grandes chaloupes, commencèrent à tirer un salut de vingt coups en l'honneur du *siogoun*, auquel en succéda un autre de dix-sept pour le grand commissaire, tandis que le pavillon japonais, aux raies blanches et noires, s'élevait au sommet du grand mât du vaisseau commandant.

L'appartement dans lequel entrèrent d'abord le commodore et ses officiers était une grande salle, assez semblable à celle d'Yoku-Hama. On y marchait sur d'épaisses et fines nattes de paille de riz ; de grands et larges divans rouges garnissaient les deux côtés de la salle ; devant chacun de ceux-ci se trouvaient des tables, couvertes de même étoffe écarlate. Les fenêtres étaient composées de carreaux de papier huilé, au travers desquels une lumière ménagée et adoucie illuminait la salle. Des *braseros* de cuivre, placés de distance en distance sur des guéridons de bois laqué, entretenaient une température agréable ; bien qu'on fût au printemps, saison qui commence de très bonne heure au Japon, l'air était assez frais encore pour que le feu ne fût pas de trop. — Des tentures, ornées de représentations variées d'arbres, d'animaux terrestres et d'oiseaux, recouvraient de tous côtés les parois de la salle ; on y voyait surtout des grues au long cou, dans les postures les plus diverses et les plus étranges.

Lorsque les Américains, avec leurs interprètes, eurent pris les places d'honneur, et que les nombreux fonctionnaires japonais se furent assis à droite, les cinq commissaires firent leur entrée. Instantanément, tout ce qui se trouvait de Japonais dans la salle tomba à genoux, pour rester ainsi tout le temps que dura l'entrevue. Ces commissaires étaient certainement d'imposants personnages, avec leurs amples robes flottantes, et leurs manières graves autant que courtoises. Leur costume se composait d'un vêtement assez semblable à l'antique pourpoint, avec un large pantalon en étoffe de soie à grands ramages, dont les plis se serraient autour des genoux ; ils portaient, en outre, des chaussettes blanches, de coton ou de laine, faites de manière à ce que le gros orteil fût séparé des autres pour le passage du ruban qui retenait la sandale, seule chaussure des Japonais. Par-dessus le pourpoint et le pantalon venait la large robe de soie, aux manches pendantes, ressemblant quelque peu pour la forme à celle que portent encore en chaire beaucoup de pasteurs protestants. Dans la ceinture, qui en retenait les plis autour de la taille, étaient passés les deux sabres, signe distinctif des hautes dignités. Les trois princes seuls portaient sous leurs autres vêtements une espèce de chemise ou plutôt de gilet blanc, qu'on apercevait sur leur poitrine, et qui est la marque du rang le plus élevé : c'est un insigne réservé exclusivement aux princes et aux premiers dignitaires de l'empire.

Hayaski Daigaku-no-kami était évidemment le principal des membres de la commission : c'était à lui qu'on s'en référait sur toutes les questions importantes. Il pouvait avoir cinquante-cinq ans. C'était un homme de noble apparence et de manières distinguées ; son regard était bienveillant, malgré l'expression sérieuse et plutôt triste de sa physionomie.

Son collègue *Ido*, prince de *Tsusima*, plus jeune de quelques années, était grand et corpulent, beaucoup plus vif d'expression.

Mais le plus agréable des trois était, sans contredit, le prince de *Mimasaki*, qui ne pouvait avoir plus d'une quarantaine d'années. Il était fort gai et d'une vivacité qui se manifestait par le plaisir que lui causait la musique de l'escorte américaine : il ne pouvait tenir ses pieds et ses mains en repos en entendant un air joyeux. Ses vues, au sujet des relations à établir avec les étrangers, étaient plus larges et plus libérales que celles de ses confrères. Il paraissait très populaire parmi les Japonais, et fut vivement apprécié par les Américains.

Le quatrième commissaire, homme d'un haut rang, bien qu'il ne fût pas prince, se nommait *Udono* ; mais il était plutôt connu sous son titre de *Mimbushiyoyu*, ou secrétaire des finances ; il avait les traits proéminents du type mongol.

Quant au cinquième, il fut impossible de savoir de lui autre chose que son nom : *Matsusaki Michitaro*. Il jouait dans le conseil un rôle difficile à comprendre ou à définir. Toujours présent aux conférences, il prenait place à quelque distance des autres dignitaires, à l'extrémité du divan. Près de lui, une espèce de scribe accroupi sur ses genoux était constamment occupé à prendre des notes, que lui soufflait souvent son supérieur. Ce personnage équivoque était un homme de soixante ans au moins, à la figure jaune et bilieuse, avec un long corps maigre et décharné. En somme, il laissait une impression des moins agréables.

Le principal interprète, *Moryama Yenoske*, s'était agenouillé aux pieds du grand commissaire, dès que celui-ci fut assis, et attendait humblement ses ordres.

Les Japonais n'oublient jamais le respect dû au rang, et savent mesurer leurs révérences d'après tous les degrés de position. Du plus humble sujet du royaume jusqu'à l'empereur, c'est une succession non interrompue de prosternations; et le souverain, faute de trouver un être humain au-dessus de lui, s'incline à son tour devant une idole grossière. Prince ou paysan, chacun est tenu de courber le dos et de ramper dans la poussière devant quelque personne à qui cet hommage est dû. La posture servile que réclame le respect serait des plus pénibles à ceux qui n'en ont pas l'habitude, mais elle semble aux Japonais chose aisée et naturelle. Leur salut ordinaire consiste à se laisser tomber sur les genoux, et à croiser les pieds en relevant les talons, de sorte que les orteils, la plante du pied et les mollets se trouvent en contact immédiat. Quelquefois ils ne font que s'accroupir, en courbant la tête jusqu'à terre. *Yenoske* et tous ses collègues étaient passés maîtres dans toutes ces évolutions.

saire dit un mot à l'interprète ainsi prosterné ; celui-ci, par une manœuvre habile, se transporta aussitôt, toujours sur les genoux, vers un autre interprète, auquel il communiqua son message. C'était simplement le compliment d'usage, et une enquête polie sur la santé des Américains. Yenoske, ayant reçu la réponse convenable, s'en vint reprendre sa première position. Plusieurs messages de ce genre furent échangés par son intermédiaire, pendant quelques minutes, au bout desquelles on fit passer les rafraîchissements ordinaires : thé, gâteaux, confitures, pipes et saki.

On proposa ensuite au commodore de se transporter dans une autre salle pour les délibérations. Il y consentit, et se rendit, accompagné seulement de son premier capitaine, de ses deux interprètes et d'un secrétaire, dans une pièce beaucoup plus petite ; elle n'était séparée de la première que par une draperie de soie bleue, au milieu de laquelle étaient brodées les armoiries du Japon.

Ils y trouvèrent les commissaires déjà installés, et l'on commença à traiter les questions importantes, après toutefois que les Japonais eurent rappelé leur coutume de parler lentement et distinctement. Les prudents diplomates tenaient beaucoup à procéder avec mûre réflexion, et à peser soigneusement chaque mot échangé.

Leur premier acte fut de remettre au commodore un rouleau de papier, qui contenait la réponse à la lettre du président. Elle commençait en ces termes :

« Le retour de *Votre Excellence*, comme ambassadeur des États-Unis auprès de cet empire, a été attendu, d'après la lettre de *Sa Majesté le Président*, remise l'année dernière à l'empereur par *Votre Excellence*.

« Il est impossible de répondre d'une manière satisfaisante à toutes les propositions de votre gouvernement, car cela nous est positivement défendu par les lois que nous ont laissées nos ancêtres ; mais, d'un autre côté, il nous semble que nous ne pourrions, sans méconnaître l'esprit de notre temps, rester attachés invariablement à ces vieilles lois. Toutefois, dans ce moment, nous sommes dominés par une nécessité impérieuse. »

Venait ensuite une allusion à la mort de l'empereur, et à l'accession au trône d'un nouveau souverain, qui, venant de s'engager à maintenir intactes les lois et coutumes du pays, ne pouvait débuter par les enfreindre ouvertement.

« Cependant, portait la lettre, nous comprenons la nécessité de céder à la demande de votre gouvernement au sujet du charbon, de l'eau, du bois et des provisions que nous vous fournirons désormais, ainsi que les secours nécessaires aux vaisseaux en détresse et aux équipages naufragés. Votre Excellence n'aura qu'à nous indiquer un port, et nous le ferons préparer pour que vos navires puissent s'y abriter ; mais il faudra cinq ans pour que ces arrangements puissent être complétés. »

Suivaient quelques explications au sujet des

marchandises et du prix qui devait en être fixé par les interprètes. — Au bas de ce document étaient apposés les sceaux des commissaires impériaux.

Après avoir pris connaissance de cette réponse, le commodore entama le sujet qui le préoccupait le plus, celui de la négociation et de la signature d'un traité, qu'il aurait voulu pareil à celui qui existait entre les Etats-Unis et la Chine.

On en remit une copie aux commissaires, qui demandèrent le temps de l'examiner et de se la faire traduire.

Le second point sur lequel insista le commodore, était de nature à réclamer une prompte solution. Un matelot était mort, le jour précédent, sur un des navires ; il fallait prendre les dispositions nécessaires pour l'enterrement. Le commodore désirait acheter une pièce de terrain où l'on pût déposer les restes des Américains qui mourraient dans ces parages. — Cette proposition jeta les commissaires dans une grande perplexité, et ils demandèrent à se retirer pour en délibérer. Il ne se passa pas longtemps avant qu'on les vît reparaître avec une réponse écrite. Elle disait que, un temple ayant été mis à part, à Nagasaki, pour l'inhumation des étrangers, il faudrait envoyer le corps à Uraga, d'où on le transporterait plus tard, dans une jonque japonaise, au cimetière désigné.

Le commodore ne voulut pas y consentir, objectant qu'en tout pays du monde on accorde aux étrangers le coin de terre nécessaire pour une sépulture, et il proposa de choisir, à cet effet, une petite île, non loin de l'endroit où les navires étaient à l'ancre.

Après une longue discussion, on lui accorda la permission de faire enterrer le matelot à Yoku-Hama, tout près d'un temple et en vue de l'escadre. Mais, comme la nouveauté du spectacle pourrait attirer une trop grande foule, les autorités enverraient un officier à bord du *Mississipi*, pour accompagner et protéger le convoi.

Content d'avoir obtenu satisfaction sur ce point, le commodore engagea les dignitaires japonais à lui faire une visite à bord, quand le temps serait plus favorable ; ils acceptèrent gracieusement, en exprimant le plaisir qu'ils auraient à se rendre à cette invitation. — Ainsi se termina la conférence.

Pendant ce temps, les officiers de l'escadre, restés dans la première salle, s'étaient beaucoup divertis à voir les Japonais essayer de faire leurs portraits. — Lorsque le commodore les eut rejoints, l'escorte se reforma comme pour l'arrivée, et les Américains furent bientôt de retour sur leurs navires.

Le lendemain, l'officier japonais qui devait protéger les funérailles du matelot, arriva, dès le matin, à bord du *Mississipi.* A cinq heures après-midi, le chapelain, l'interprète et tous ceux qui devaient faire partie du cortége funèbre, quittèrent le vaisseau. Le lieu désigné était au pied d'une colline, à quelque distance d'Yoku-Hama, dans un site charmant et pittoresque. Le convoi, pour s'y rendre, dut traverser le village, et tous les habitants se pressaient à son passage, pour contempler une scène aussi nouvelle. Le chapelain, revêtu de sa robe ecclésiastique, fut reçu sur le rivage par les autorités locales, sans aucune manifestation de la répugnance ordinaire des Japonais pour la religion chrétienne et toutes les cérémonies qui s'y rattachent. La foule même, malgré sa curiosité, ne regardait qu'avec respect la procession qui s'avançait au son des tambours voilés.

La place où les Américains venaient déposer le corps de leur compatriote, se trouvait tout près d'un cimetière japonais, aux idoles de pierre et aux tombes sculptées ; et, en y arrivant, ils trouvèrent là un prêtre bouddhiste, en grand costume, qui attendait sur le terrain.

Le chapelain lut à haute voix la belle liturgie de l'église anglicane. Tandis qu'il officiait, le prêtre de Bouddha se tenait, tout près de là, assis sur une natte, ayant devant lui un autel, sur lequel étaient placés quelques chiffons de papier, du riz, un vase de saki, d'autres vaisseaux où brûlait de l'encens, et l'instrument de musique appelé par les Chinois *gong-gong*.

Le service terminé, et le cercueil recouvert de la terre étrangère, le prêtre païen commença les cérémonies de sa religion, frappant d'une baguette le *gong* de cuivre, qui rendait un son clair et distinct, et marmottant des prières en faisant tourner les grains de son chapelet, tandis que l'encens brûlait toujours sur le petit autel.

Les Américains le virent encore de loin, continuant cette espèce de service, en présence d'une foule de Japonais qui avaient aussi assisté à la cérémonie chrétienne. La tombe de l'Américain fut entourée d'une barrière de bambou, et, selon l'usage du pays, une sentinelle y monta la garde pendant quelque temps. La croyance de ce prêtre bouddhiste était que l'âme, survivant à sa demeure terrestre, erre quelque temps après la mort autour du corps qu'elle a habité, dans un état de souffrance dont un pouvoir surhumain peut seul la délivrer. De là la nécessité de certaines cérémonies qui ont pour but d'obtenir des dieux le repos de la pauvre âme.

Quelle idée les Japonais auront-ils attachée à la cérémonie nouvelle qui se passait sur leurs rivages ? Ils n'en auront nullement compris la signification et la portée. Mais en entendant retentir pour la première fois sur cette rive lointaine ces paroles du Christ : « Je suis la résurrection et la vie, etc., » plus d'un chrétien qui assistait à cette cérémonie se réjouit dans l'espoir que le moment viendra bientôt où elles pourront s'appliquer symboliquement à l'histoire morale et spirituelle de ce peuple.

Le premier coin de terre obtenu par les Américains dans le vaste empire du Soleil levant, fut donc la place d'une tombe.

Le lundi suivant, 13 mars, avait été fixé pour la réception des présents que le commodore offrait à l'empereur. On les embarqua dans plusieurs grands bateaux, qui s'éloignèrent du navire sous l'escorte de plusieurs officiers, de marins et d'une troupe de musiciens. Tout arriva à terre en bon état, malgré le mauvais temps et les vagues.

Un bâtiment contigu à la *maison du traité* avait été construit à cet effet. Là, après les cérémonies indispensables de part et d'autre pour une réception en toutes formes, les Américains se mirent à déballer et à organiser leur exposition. Les autorités japonaises offraient toutes facilités pour ce travail ; leurs ouvriers construisaient des hangars pour abriter toutes ces choses.

On prépara un espace de terrain bien uni pour le tracé circulaire d'une petite locomotive, et des poteaux furent posés pour les fils d'un télégraphe. — Les Japonais prenaient une part active à toutes ces dispositions, suivant avec une joie d'enfant l'arrangement des machines et de toutes les pièces qui les composaient.

L'appareil télégraphique fut bientôt prêt à être mis en usage. Les fils, tendus en ligne droite, s'étendaient sur une longueur de deux kilomètres, de la *maison du traité* jusqu'à un autre bâtiment érigé exprès.

Lorsque la communication fut ouverte entre les appareils placés aux deux extrémités, les indigènes examinèrent avec une intense curiosité le mode d'opération, confondus de voir leurs messages transmis en un clin d'œil d'un bâtiment à l'autre. — Jour après jour, dignitaires ou gens de tout rang se rassemblaient, suppliant les opérateurs de faire *parler* le télégraphe, et suivant avec un intérêt infatigable l'envoi et la réception des messages.

Quant au chemin de fer, avec sa locomotive lilliputienne, son wagon, son tender, il n'excitait pas un intérêt moins vif. Toutes les parties en étaient parfaites ; la voiture surtout était un vrai chef-d'œuvre; mais si petite qu'un enfant de six ans tout au plus pouvait y prendre place. Les Japonais, cependant, ne voulaient pas être frustrés d'une course en chemin de fer ; et, comme il leur était impossible de se réduire à la dimension nécessaire pour entrer dans l'intérieur du wagon, ils se mettaient sur l'impériale. C'était un spectacle très comique que de contempler un grave et digne mandarin emporté ainsi, comme un tourbillon, par une vitesse de 30 kilomètres à l'heure, avec ses grandes robes flottantes au vent. A le voir, cramponné convulsivement aux rebords de la petite voiture, la figure moitié joyeuse, moitié grimaçante, le corps agité d'un tremblement nerveux produit par l'étonnement inquiet que lui causait sa pérégrination extraordinaire, on aurait dit un malheureux emporté malgré lui par quelque puissance infernale vers un abîme effrayant. On ne pouvait contempler ce spectacle et garder son sérieux.

Malgré les efforts des autorités japonaises pour empêcher les relations de leur peuple avec les Américains, il se présentait à chaque instant des occasions de communication. Les provisions qu'on fournissait aux vaisseaux, et dont on recevait le payement, amenaient nécessairement un contact journalier.

Les Japonais, d'ailleurs, témoignaient une curiosité désordonnée pour toutes les choses nouvelles en présence desquelles ils se trouvaient. Ils suivaient pas à pas les officiers et les soldats, saisissant chaque occasion d'examiner les différentes parties de leur habillement. Les casquettes galonnées, les bottes, les épées, les uniformes des officiers, aussi bien que les jaquettes et les chapeaux de toile cirée des matelots, étaient soumis à une inspection minutieuse. Nul tailleur, à la recherche d'une nouvelle coupe ou d'une mode étrangère, n'eût été plus exact dans ses opérations que ce peuple curieux, maniant le fin drap, y passant doucement des mains légères et délicates, tirant un peu par-ci, un peu par-là, sondant les profondeurs des poches des vestes des matelots américains qui se prêtaient en riant à ce manége. Ils cherchaient avec ardeur à obtenir quelque objet tiré de la garde-robe de leurs visiteurs, montrant surtout une vraie passion pour les boutons. Ils en demandaient avec instances, et, quand on leur avait fait ce modeste cadeau, ils en paraissaient enchantés, et le serraient comme un objet de la plus grande valeur. Leur amour pour les boutons tient, sans doute, à la rareté de cet article dans le pays : c'est un fait curieux que ce petit objet, si simple et si commode, soit chose inconnue dans le costume japonais. On ne se sert que de cordons pour attacher les vêtements.

Quand ils visitaient les vaisseaux, les mandarins ne restaient jamais en repos : ils allaient et venaient, regardant, examinant tout ; ils finissaient par s'établir sur quelque point d'où ils pussent suivre les mouvements des mécaniciens et des ouvriers occupés autour des gigantesques machines des steamers.

Ils ne se contentaient pas d'observer : sortant leurs instruments à écrire, — le papier d'écorce de mûrier, l'encre de Chine et le pinceau, qu'ils portent toujours sur leur poitrine, dans une poche de leur ample robe, — ils étaient à chaque instant occupés à prendre quelque note ou quelque croquis. Ils se montraient particulièrement amateurs de peinture, et regardaient avec délices les gravures et les tableaux qu'on leur faisait voir ; cependant leurs propres productions étaient grossières et sans art. Ils ne se lassaient surtout pas d'ébaucher des portraits des Américains, bien que le succès ne répondît pas à leurs efforts. Pour être justes à l'égard de l'art japonais, il faut toutefois se souvenir que l'on avait affaire, non à des artistes de profession, mais à de simples amateurs.

Les Japonais, sans nul doute, sont, d'après toutes les observations faites sur eux, un peuple doux, imitateur et facile à influencer, ce qui peut faire espérer qu'ils accueilleront sans trop de résistance, en même temps que les mœurs et coutumes étrangères, les principes plus élevés et plus nobles qui découlent d'un ordre supérieur de civilisation.

Espérons surtout que, lorsque leurs préjugés

héréditaires contre le christianisme auront pu être affaiblis ; lorsqu'ils auront reçu et compris quelques-uns des avantages de cette religion divine, soit pour les individus, soit pour les nations, ils se montreront disposés à saluer sa bienvenue au milieu d'eux, et à se soumettre à ses lois.

Avec leur curiosité extrême, et parfois un peu importune, à l'égard de leurs hôtes, nos Japonais étaient peu communicatifs sur ce qui les concernait. Pour légitimer cette réserve provoquante, ils alléguaient toujours la sévérité de leurs lois, qui défendent de donner aux étrangers aucune information sur les institutions, les habitudes et les mœurs du pays. Ce silence, qu'ils s'obstinent à garder, met obstacle à l'acquisition des détails si nombreux qu'on voudrait obtenir sur ce peuple original. Il faudra du temps pour arriver à une connaissance complète du Japon ; on ne l'obtiendra que lorsque quelques hommes d'intelligence, missionnaires ou agents consulaires, auront pu s'établir et résider un certain temps au milieu des habitants.

Les gens des classes inférieures en seraient venus plus facilement à fraterniser avec les Américains, et la crainte des châtiments pouvait seule les retenir. Ils se sentaient surveillés de près par leurs supérieurs, qui à leur tour l'étaient par d'autres espions, car ce déplorable système est universel dans le royaume.

Sur ces entrefaites, le commodore avait reçu des hauts commissaires une communication au sujet du traité dont il avait laissé le modèle entre leurs mains. Les ministres japonais reconnaissaient la raison et l'opportunité des demandes de secours pour les vaisseaux en détresse et de provisions pour ceux qui en avaient besoin; aussi y accédaient-ils sans hésitation. Mais, quant à un traité de commerce semblable à celui qui existe avec la Chine, ils alléguaient la différence d'idées et de mœurs, qui rendait la chose impraticable pour leur peuple. Ils renouvelaient, du reste, la promesse d'ouvrir un port aux vaisseaux américains, mais cela au bout de cinq ans; jusque-là, on devait se contenter de Nagasaki.

Le jour qui suivit la réception de cette missive, le commodore eut une nouvelle entrevue avec les commissaires dans la *maison du traité;* mais cette fois on se dispensa de tout l'attirail militaire et du cérémonial qui avaient marqué la précédente rencontre : des deux côtés, les dignitaires ne se firent accompagner que de leurs interprètes et de quelques officiers.

La discussion recommença sur les mêmes sujets. Le commodore, déclarant péremptoirement qu'en aucun cas il n'accepterait Nagasaki pour l'un des ports qu'il réclamait, en donnait pour raison que les autorités et les habitants de cette ville, habitués depuis si longtemps à la servilité des Hollandais, pourraient exiger des Américains plus que ceux-ci ne seraient disposés à endurer, ce qui amènerait inévitablement des conflits, et probablement de graves conséquences. — Le commodore annonça, en outre, qu'il entendait que ses compatriotes, visitant le Japon, y fussent exempts des vexations de tout genre auxquelles, jusque-là, les étrangers avaient été exposés. En un mot, sous aucun prétexte, il ne pouvait être question de Nagasaki.

Le gouvernement des Etats-Unis demandait pour ses vaisseaux l'entrée de cinq ports. Mais, afin de ne pas exiger tout à la fois, le commodore offrait de se contenter, pour le moment, de trois : l'un dans l'île de Nippon, que ce fût *Uraga* ou *Kagasima;* le second dans l'île d'Yézo, et il suggérait *Matsmaï;* le troisième, *Napha*, dans l'archipel de Liou-Kiou.

Les Japonais commencèrent, comme toujours, par des réponses évasives et des objections; mais, convaincu qu'ils finiraient par céder, le commodore Perry ne voulut rien rabattre de ses prétentions. Enfin, après beaucoup de pourparlers et de discussions, les commissaires se résignèrent à concéder deux ports, offrant celui de *Hakodadi*,—au lieu de Matsmaï, auquel le commodore ne tenait pas particulièrement, — et *Simoda*, dans l'île de Nippon, de préférence à Uraga. Quant à Napha, ils déclarèrent n'avoir pas l'autorité nécessaire pour prendre une telle décision à l'égard d'une dépendance de la couronne du Japon aussi éloignée que celle-là.

La concession fut acceptée, mais en convenant que le commodore allait envoyer un ou plusieurs de ses vaisseaux à Simoda pour en examiner le port et voir si la place répondait à tous égards à son attente, à défaut de quoi il insisterait pour un autre endroit également dans la partie méridionale de l'île. Deux navires, le *Southampton* et le *Vandalia*, furent en conséquence dépêchés pour prendre connaissance du havre proposé.

La même condition fut faite pour Hakodadi, que, du reste, les commissaires ne proposaient d'ouvrir au pavillon américain qu'au bout d'une année. Il va sans dire que le commodore s'éleva contre ce délai inutile ; là encore il triompha.

Un grand point venait donc d'être gagné, promettant un heureux succès à l'entreprise. Les meilleurs sentiments continuèrent à être exprimés de part et d'autre. Les Japonais avaient déjà présenté les remercîments les plus polis au sujet des présents offerts à leur gouvernement, lorsque le commodore fut invité, le 24 mars, à recevoir en échange ceux que lui destinait le *siogoun*.

A cet effet, il se rendit à *Yoku-Hama* avec sa suite d'officiers et d'interprètes, et fut reçu dans la *maison du traité*.

La vaste salle de réception était encombrée des offrandes impériales, toutes de manufacture japonaise. C'étaient des pièces de leurs riches étoffes de soie et de brocart ; une foule d'objets en laque, tels que tables, plateaux, gobelets, boîtes à *chow-chow*, tout cela d'un travail exquis ; des vases et des tasses de porcelaine d'une légèreté et d'une transparence merveilleuses, ornées de figures et de fleurs d'or et de couleurs variées, vrais chefs-d'œuvre surpassant de beaucoup ce qui fait la réputation des Chinois ; de plus, des éventails, des pipes, des ornements de toilette faisant partie du costume national, tous objets de peu de valeur intrinsèque, mais de grand intérêt pour les étrangers, étaient semés çà et là au milieu des articles de luxe et de prix.

Tous ces présents étaient disposés en lots et classés selon le rang de chacun de ceux auxquels ils étaient adressés. Tout se passait avec l'ordre, poussé jusqu'à la minutie, qui caractérise les Japonais. Les commissaires étaient placés au haut de la salle, et, lorsque les officiers américains furent entrés, le prince *Hayashi* fit à haute voix la lecture d'une liste de présents, avec les noms des destinataires. Cette liste fut traduite, comme toujours, en hollandais d'abord, puis en anglais.

La cérémonie de la distribution une fois terminée, le commodore fut invité à passer dans la salle intérieure, où on lui offrit, de la part de l'empereur, deux assortiments complets des monnaies du pays et deux épées. — Ces présents, sans être par eux-mêmes d'une valeur bien considérable, étaient des preuves très significatives du désir des Japonais d'exprimer leur respect pour le représentant des Etats-Unis. La collection des monnaies, en particulier, donnée en opposition directe avec les lois du Japon, était une marque évidente de faveur.

Au moment où le commodore allait se retirer, on l'arrêta en lui disant qu'il restait encore un présent destiné au président, et qui ne faisait pas partie de l'exposition qu'il avait vue. Conduit vers le rivage avec ses officiers, il se trouva en présence de deux ou trois cents sacs de riz, installés au bord de la mer et prêts à être transportés sur les vaisseaux. Remarquant l'étonnement que causait aux Américains la vue de cette substantielle offrande, Yénoske leur expliqua qu'il était d'usage, au Japon, de joindre au présent impérial une certaine quantité de riz; mais il n'ajouta pas si cette quantité allait chaque fois jusqu'à des centaines d'immenses sacs.

Le commodore apprit plus tard qu'en effet les présents de l'empereur sont invariablement accompagnés, non-seulement de riz, mais encore de poissons secs, de chiens et de charbon. D'où provient cet usage, et quel en est le sens? Voilà ce qu'il ne put découvrir. Le charbon fut omis dans l'occasion actuelle, mais quatre petits chiens d'une race fort remarquable furent envoyés au président, avec les autres dons du *siogoun*. Ce fait suggéra au commodore la pensée que peut-être une des espèces d'épagneuls anglais est originaire du Japon. En 1613, quand le capitaine *Saris* quitta ce pays pour retourner en Angleterre, il était chargé pour son roi d'une lettre de l'empereur et de quelques présents. Les chiens qui en faisaient partie auront probablement introduit en Angleterre une race nouvelle et particulière. Quoi qu'il en soit, il s'y trouve maintenant une espèce de chiens qu'on ne peut distinguer de ceux donnés aux Américains, et qui n'est pas même commune dans le Japon : on ne voit jamais, dans ce dernier pays, ces chiens-là courir dans les rues ou suivre leurs maîtres sur les promenades, et le commodore apprit qu'ils sont très rares et fort chers.

Revenons à nos sacs de riz. Tandis que tous les yeux étaient fixés sur ce témoignage matériel de la générosité japonaise, l'attention fut tout à coup portée sur un groupe de monstrueux individus, s'avançant, le long de la côte, du pas lourd et mesuré des éléphants. C'était une troupe de lutteurs de profession, faisant partie de la suite des princes, qui les entretenaient pour leur amusement particulier et pour celui du public. Ils étaient au nombre de vingt-cinq, tous de haute taille et de proportions énormes. Leurs propriétaires, qui en étaient fiers, eurent grand soin de faire ressortir tous leurs avantages aux yeux des Américains étonnés. Deux ou trois de ces monstres à forme humaine jouissaient de la réputation d'être les plus forts lutteurs du Japon.

De leur nombre était *Koyanagi*, le plus fameux bretteur de la capitale, qui se pavanait au milieu d'eux avec la conscience orgueilleuse de sa supériorité en force et en pesanteur. On le fit tout spécialement examiner par le commodore qui, touchant ses énormes bras, les sentit aussi nerveux et solides qu'ils étaient gros, tandis que le cou massif de l'athlète retombait en plis semblables au fanon du bœuf gras. Un tel développement de la vie animale ne pouvant manquer d'exciter une certaine surprise, l'hercule qui en était l'objet fit entendre un petit grognement de satisfaction, qui témoignait de sa vanité flattée.

Comme exercice préliminaire de la force de ces hommes, les princes les employèrent d'abord au

transport des sacs de riz amoncelés sûr le rivage.
Chacun de ces sacs ne pesait pas moins de soixante-
cinq kilos, ce qui, à une ou deux exceptions près,
n'empêcha pas chaque lutteur d'en porter deux à
la fois. Ils les chargeaient sur leur épaule droite,
enlevant seuls le premier, mais se faisant aider
pour le second. L'un d'eux porta son sac avec les
dents. Un autre en prit un dans ses bras, et fit
ainsi deux ou trois culbutes, ayant l'air parfaitement à l'aise.

Après ces premiers tours de force, on proposa
aux Américains de se retirer dans la *maison du
traité*, d'où ils pourraient assister aux exploits pro-
fessionnels des lutteurs. On prenait grand soin de
ces hommes : ils étaient entourés de serviteurs
toujours prêts à leur tendre un éventail, qu'ils demandaient souvent, et à les aider à mettre et à ôter
leurs vêtements. On commença par jeter un riche
costume sur leur corps gigantesque, puis on les
conduisit sur le théâtre de leurs hauts faits. Les
détails de cette joûte brutale sont trop révoltants
pour que nous les retracions ici; nous n'avons
voulu qu'ouvrir une échappée sur une de ces coutumes dégradantes qui ne sont pas, hélas! confi-
nées au Japon. Disons seulement que les féroces
lutteurs fondaient l'un sur l'autre à grands coups
de tête.

Les Américains se détournèrent avec satisfaction de ce spectacle pour se rapprocher de l'endroit
où étaient exposés le télégraphe et le chemin de
fer. C'était un heureux contraste que présentait là

une civilisation plus élevée et plus pure. Au lieu d'une parade de force brutale, c'était une révélation triomphante, faite à un peuple à demi éclairé, des succès de la science et de l'industrie contemporaines. Tous les spectateurs japonais témoignèrent un vif plaisir à revoir en mouvement la mignonne locomotive ; et l'un des scribes des commissaires se plaça sur le wagon, tandis que l'ingénieur, debout sur le tender, attisait le feu d'une main, et de l'autre dirigeait la machine. Une foule de gens, rassemblés tout autour, suivaient avec un plaisir et un étonnement toujours nouveaux la course circulaire du convoi, et ne pouvaient retenir des cris de joie à chaque sifflement de la vapeur.

Le télégraphe avec ses merveilles, dont on ne se lassait pas non plus, n'excita pas moins d'exclamations d'admiration et de surprise.

Un autre spectacle fut ensuite offert aux Japonais. Un détachement des soldats de l'escadre exécuta devant eux toutes ses manœuvres, aux sons d'une musique guerrière. Les dignitaires japonais y prirent grand intérêt et se montrèrent satisfaits de la tenue martiale ainsi que de l'excellente discipline des soldats.

On se sépara sur cette impression, après toutefois que les commissaires eurent accepté l'invitation du commodore Perry pour un dîner qui devait avoir lieu sous peu de jours à bord du vaisseau commandant.

De grands préparatifs furent faits pour cette occasion. Le commodore était résolu à donner aux

Japonais bonne idée de l'hospitalité américaine, et n'avait attendu que le moment où les négociations seraient assez avancées pour autoriser l'offre d'un banquet. Il ne comptait rien épargner pour traiter splendidement les conviés, qui allaient arriver au nombre de soixante-dix personnes sans compter les domestiques et les équipages des barques. L'étiquette japonaise ne permettant pas aux officiers de prendre leurs repas à la même table que les grands commissaires, deux couverts furent préparés, l'un dans la cabine du commodore pour ces hauts personnages, l'autre pour les soixante officiers de leur suite sur le gaillard d'arrière du navire tout pavoisé, à cette occasion, de drapeaux et de banderoles. Quant au festin, les mains savantes d'un cuisinier en chef avaient tiré un parti habile de toutes les provisions dont on pouvait disposer pour lui donner l'aspect le plus varié et le plus attrayant.

L'arrivée des invités fut saluée par dix-sept coups de canon. On leur fit visiter d'abord la corvette de guerre *Macedonia*, après quoi ils se rendirent sur le vaisseau commandant, dont on leur fit également les honneurs. Ils prirent grand plaisir à voir décharger, à plusieurs reprises, un obusier placé sur une des chaloupes; les Japonais semblent avoir une vraie passion pour les exercices et les parades militaires.

On mit ensuite en mouvement les machines à vapeur, ce qui donna lieu à des remarques et à des questions faites toujours avec l'intelligence si remarquable qui distingue les hautes classes dans ce pays.

Après que leur curiosité eut été satisfaite, les Japonais furent appelés pour le repas et conduits à leurs places respectives. Les quatre capitaines de l'escadre avec le secrétaire et l'interprète du commodore, furent seuls admis à la table des grands commissaires. Yenoske, l'interprète, par une faveur spéciale de ses supérieurs, obtint le privilége de s'asseoir à une petite table placée à part dans la cabine, où cette humble position ne parut nuire en rien à son appétit et à la sérénité de son âme. — Hayashi, toujours sérieux et digne, goûta de chaque mets et de tous les vins, mais avec une grande modération. Pour les autres, ils se montrèrent fameux gastronomes, et plus joyeux convives.

La société japonaise installée, pendant ce temps, sur le gaillard d'arrière, où les officiers américains lui faisaient les honneurs du festin, devint bientôt fort bruyante. Les toasts se succédaient avec une grande rapidité. Les voix et les hourras couvraient le son de la musique qui servait d'accompagnement au banquet. Celui-ci se changea, par le fait, en une sorte d'orgie, fort peu à l'honneur des invités et de leurs amphytrions; les Américains ne résistèrent pas à la tentation de griser quelque peu leurs convives.

Tant bien que mal, le repas se termina, et ce qui restait dans les plats disparut bientôt, emporté par les Japonais. Ces messieurs portent toujours une provision de papier de diverses qualités dans une vaste poche placée à peu près à l'endroit du cœur, au milieu des plis de leur robe flottante. Ils ont là des feuilles d'un papier fort épais, et cependant souple comme du calicot ; c'est ce qui leur tient lieu de mouchoirs de poche. D'autres leur servent de calepin et d'album. Il y en a enfin qui sont destinées à envelopper les restes des festins. Ce jour-là, dès qu'ils eurent fini de manger, tous les convives, déployant simultanément leurs grandes feuilles de papier, se mirent à faire main basse sur tout ce qui se trouvait à leur portée, sans égard à la qualité et à l'espèce des mets qu'ils entassaient ainsi pêle-mêle. C'était un mélange incroyable de viande et de pâtisseries, de salades et de confitures. Ces paquets peu appétissants furent aussitôt engouffrés dans leurs poches ou dans leurs vastes manches.

Telle est la mode du pays, et il serait fort injuste de les accuser de gloutonnerie extraordinaire, ou de les prendre pour des hommes mal élevés. Cet usage est tellement général, que les Américains eux-mêmes durent s'y soumettre lorsqu'ils avaient pris part à un repas japonais. Chacun d'eux recevait, avant de se retirer, son paquet de provisions, et le refuser eût été commettre une offense envers l'hospitalité indigène.

Après le dessert, quelques matelots, la peau noircie, et costumés en conséquence, donnèrent aux Japonais le spectacle d'une danse nègre, aux sons d'une musique appropriée. Ils exécutèrent cette farce avec tant d'entrain et une gaieté si comique, que la gravité du taciturne Hayashi lui-même n'y tint pas, et qu'il finit par se joindre à l'hilarité générale.

Le soir était venu quand les Japonais se disposèrent à partir, et prirent congé de leurs hôtes avec une animation qui ne témoignait pas en faveur de leur sobriété. Dans un accès d'effusion, Matsusaki jeta ses bras autour du cou du commodore, en répétant, à plusieurs reprises, en japonais : « Nippon et l'Amérique, c'est tout le même cœur. »

En passant ainsi en revue les circonstances de ce banquet, on a lieu de regretter les tentations auxquelles on exposa la tempérance des Japonais. L'hospitalité eût pu être cordiale, complète, et le repas joyeux, sans cette dissipation qui jeta une ombre sur ce souvenir. Les dignitaires japonais parurent le sentir, le lendemain, en reprenant les conférences, où ils se montrèrent d'une gravité inaccoutumée. Cela n'empêcha pas le résultat d'en être satisfaisant, car on accorda au commodore la concession des trois ports demandés : *Simoda, Hakodadi* et *Napha.*

Restait à discuter encore la question de l'établissement d'agents consulaires au Japon. Ce point fut difficile à obtenir ; mais, comme toujours, la détermination du commodore finit par prévaloir, et l'autorisation fut donnée d'établir un consul à Simoda : à son tour, le commodore promit qu'il n'y serait pas envoyé avant un an ou dix-huit mois, à dater de la signature du traité. L'étendue des priviléges à accorder aux Américains qui visiteraient les ports japonais fut également fixée, ainsi que la distance dans les limites de laquelle ils pourraient parcourir le pays aux environs de Simoda et d'Hakodadi. Tous ces points de détail furent réglés d'après les intentions du commodore.

Quelques jours plus tard, le traité, rédigé dans les trois langues, japonaise, chinoise et anglaise, fut signé en toutes formes par les représentants des deux nations désormais alliées. Immédiatement après la signature, le commodore fit hommage d'un pavillon américain au premier commissaire, le prince Hayashi, en lui faisant observer qu'il considérait ce don comme la plus haute expression de courtoisie nationale qu'il pût offrir. Cette significative marque d'amitié fit évidemment grande impression sur l'esprit du prince, qui en exprima sa reconnaissance en termes sentis.—Quant aux autres dignitaires, le commodore leur offrit ensuite les présents qu'il leur avait réservés.

Toutes les affaires et les formalités officielles ainsi terminées à la satisfaction des deux parties, les commissaires invitèrent le commodore et ses officiers à prendre part à un banquet préparé pour cette occasion mémorable.

Les tables étaient dressées dans la grande salle de réception, et arrangées selon le rang des invités et de leurs hôtes : celle où devait s'asseoir le commodore, avec ses officiers supérieurs et les commissaires, comme de coutume un peu plus éle-

vée que les autres. Ces tables consistaient simplement en de larges divans, tout pareils à ceux qui
servaient de siéges et d'égale hauteur, sur lesquels
la nappe blanche de nos festins se trouvait rempla-
cée par un tapis de crêpe rouge.

Dès que les convives furent placés, les domestiques japonais firent circuler rapidement les différents services; c'étaient, pour la plupart, des
soupes épaisses, ou plutôt des ragoûts, dans lesquels le poisson jouait presque toujours le principal rôle. Chaque mets était servi dans de petits
bols ou coupes de porcelaine, qu'on apportait sur
de grands plateaux de laque; on en plaçait un devant chacun des convives, en lui offrant en même
temps le *soy*, sauce aromatique du Japon, et autres assaisonnements. Une grande variété de confitures et de gâteaux étaient semés à profusion au
milieu des mets plus substantiels, et le *saki*,
sorte d'eau-de-vie de riz, circulait en abondance
tout le temps du festin.

Vers la fin du repas, on vint poser devant chacun des invités un plat de poisson de différentes
sortes, quelques crevettes bouillies et un petit pou-
ding carré de la consistance du blanc-manger, en
leur donnant à entendre que c'était la part destinée à être emportée ou envoyée sur les vaisseaux,
ce qui fut exécuté, comme d'ordinaire.

La table des commissaires japonais ne laissa pas
aux Américains un souvenir particulièrement
agréable, mais ils étaient, en revanche, enchantés
de leurs amphytrions, dont les manières et les

attentions furent d'une exquise urbanité. Les commissaires firent même quelques excuses sur la mesquinerie du repas; il paraît que c'est un des traits obligés des invitations japonaises. Il est juste d'ajouter que le dîner offert aux Japonais à bord du vaisseau commandant en aurait fait, pour la quantité, au moins vingt pareils à celui qui venait d'être servi; aussi ne sera-t-on pas très étonné que les officiers américains se retirassent l'appétit peu satisfait.

Avant de se quitter, on se fit, de part et d'autre, force démonstrations amicales, et maint toast fut porté, en buvant le *saki* dans des tasses extrêmement petites. Les commissaires ne laissèrent pas partir le commodore sans l'avoir prié de ne pas pousser ses vaisseaux plus avant, dans la direction de la capitale, de peur d'occasionner quelque trouble parmi le peuple.

Le traité, une fois signé, fut aussitôt dépêché à Washington. L'honneur de le remettre au gouvernement fut conféré au capitaine Adams, dont les services actifs avaient été d'une grande utilité pendant les négociations. C'était au commencement d'avril de l'année 1854.

VI

Peu après le départ du navire qui portait en Amérique les prémices de ses succès diplomatiques, le commodore Perry descendit à terre pour jeter un coup d'œil sur la contrée, accompagné de Moryama, d'Yenoske et de quelques autres officiers japonais. Bien que le champ ouvert à son observation fût limité à un circuit de sept kilomètres, il eut l'occasion de juger quelque peu de l'ensemble du paysage, de parcourir plusieurs villages, et de voir un grand nombre d'habitants.

C'était un beau moment de l'année. La fraîche verdure du printemps tapissait les champs et les jardins disposés en terrasses. Les camélias, abondants sur les rivages de la baie d'Yeddo, où ils s'élèvent à l'immense hauteur de treize mètres, étaient en pleine floraison, et leurs magnifiques fleurs rouges déployaient une richesse de couleur, une perfection de développement qu'on ne retrouve pas dans d'autres contrées.

Chaque fois qu'on approchait d'un village ou d'un hameau, un des employés japonais était dépêché en avant pour écarter du chemin les femmes et la populace en général, au grand déplaisir du commodore qui désirait pouvoir juger de la vie du peuple. Il en fit l'observation à l'interprète, lui reprochant surtout de rendre ainsi les femmes invisibles. Yenoske prétendit que c'était par égard pour les dames elles-mêmes, dont la modestie est, disait-il, trop grande pour supporter le regard d'un étranger. Le commodore lui donna clairement à entendre qu'il n'en croyait pas un mot, ce dont Yenoske ne se montra nullement offensé. Ce doute émis sur sa véracité lui semblait plutôt un compliment, tant la finesse et la diplomatie sont des qualités appréciées des Japonais. Il promit alors au commodore de laisser approcher le peuple dans la ville prochaine, où l'on devait s'arrêter pour prendre quelques rafraîchissements. En effet, dès qu'ils y arrivèrent, les étrangers furent entourés d'une multitude d'habitants, parmi lesquels se trouvaient bon nombre d'enfants et de femmes.

Conduits à la résidence du premier magistrat de l'endroit, les Américains y reçurent la plus cordiale hospitalité. L'intérieur de cette demeure était simple. Il consistait en une grande salle aux nattes moelleuses, aux fenêtres de papier huilé et aux divans écarlates ; quelques dessins grossièrement exécutés en ornaient les murs. La femme et la sœur

du digne magistrat entrèrent bientôt avec les rafraîchissements, en adressant à leurs hôtes un timide sourire de bienvenue. Ces dames étaient nu-
pieds, vêtues toutes deux de robes de couleur foncée en forme de peignoirs, retenues autour de la
taille par un large ruban. Leur taille, forte et sans
grâce, ne paraissait pas à son avantage dans ce vêtement peu élégant; mais le visage ne manquait
pas d'expression, ce qui était dû surtout à leurs
brillants yeux noirs; leurs cheveux, également
noirs, étaient relevés sur le sommet de la tête,
absolument comme ceux des hommes, mais elles
n'avaient pas la tonsure partielle qui semble l'at-
tribut particulier du sexe masculin au Japon. Leurs
lèvres d'un rouge vif découvraient, par un gracieux
sourire, une rangée de dents du plus beau noir, et
des gencives qui paraissaient malades. Cette teinture des dents est, au Japon, le privilége des femmes mariées; elles emploient à cet effet un mélange de différents ingrédients, dans lesquels
entrent le *saki* et la limaille de fer. Cette composi-
tion est si corrosive qu'en l'appliquant aux dents
il est nécessaire de préserver les lèvres et les gencives du contact de la teinture; mais, en dépit de
toutes les précautions, les gencives se gâtent et
perdent bientôt leur couleur : aussi l'aspect de
la bouche d'une dame japonaise est-il plutôt re-
poussant. Cette mode hideuse est souvent adoptée
par les jeunes filles japonaises aussitôt qu'elles
sont fiancées, et les effets en sont rendus plus ap-
parents par l'habitude qu'elles ont également de

se peindre les lèvres en rouge. La couleur qu'emploient pour cela les dames du Japon se nomme *bing*. Une couche légère de cette teinture donne un rouge vif, tandis qu'appliquée à plus forte dose elle rend les lèvres d'un violet foncé, ce qui est encore la nuance la plus appréciée.

Avec le thé, les confitures et le *saki* de rigueur, on offrit aux Américains une sorte de gauffre chaude faite, à ce qu'il semblait, de farine de riz. Le magistrat, secondé par sa femme et sa sœur toujours à genoux, montrait un grand empressement à servir ses hôtes. Quant aux deux femmes, leur position incommode ne nuisait nullement à leur activité; elles allaient en se traînant fort lestement, le vase de *saki* à la main, car la petitesse des tasses rendait leurs services à chaque instant nécessaires.

Ces dames ne cessaient de saluer de la tête, un peu à la manière de ces mandarins chinois qui servent de jouets aux enfants. La femme du magistrat poussa la cordialité jusqu'à apporter aux étrangers son enfant, qu'il fallut choyer et caresser, bien que la figure sale et les vêtements en désordre du marmot lui donnassent peu d'attrait. L'enfant ayant reçu un bonbon, on lui dit de remercier; il le fit, en balançant sa petite tête rasée, avec un degré de politesse précoce qui faisait honneur à son éducation, et qui arracha des cris d'admiration à toutes les femmes présentes.

Avant de quitter cette maison hospitalière, le commodore proposa de boire à la santé de toute la famille. Le magistrat alla, à cet effet, chercher sa vieille mère qui, en entrant, s'accroupit dans un coin ; de là elle salua, en remercîment d'une politesse faite à la famille dont elle était le membre le plus âgé.

Comme les officiers japonais ne mettaient plus d'obstacle à la curiosité de la population, on put l'observer en liberté, bien que trop rapidement, vu que la petite troupe des Américains devait retourner de bonne heure sur les navires.

Dans les petites villes, les habitants paraissaient divisés en trois classes : les employés du gouvernement, les marchands et les ouvriers. Ceux-ci, presque partout, semblaient contents et assez à leur aise, n'étant pas chargés d'un travail excessif. On voyait bien çà et là les signes de la pauvreté, mais non ceux de la misère et de la mendicité.

Les femmes travaillaient aux champs comme les hommes. Elles étaient convenablement vêtues d'une robe de grossière cotonnade, semblable pour la forme, bien que plus courte, à celles que portent les dames des classes supérieures. Elles avaient généralement la tête et les pieds nus, et leur costume ne différait pas de celui des hommes, à l'exception de la coiffure, comme nous venons de le remarquer.

Pour se garantir de la pluie, les Japonais portent une espèce de manteau de paille qui, serré autour du cou, retombe autour du corps comme un toit de chaume. Quelques-uns des riches ont des manteaux de papier huilé, qui sont presque aussi imperméables que nos étoffes de caoutchouc, mais naturellement fort peu solides. Chez eux, comme chez les Chinois, le parasol est un complément indispensable du costume, et sert à préserver alternativement du soleil et des averses.

Les hommes de toutes les classes se montraient excessivement polis envers les étrangers ; et, bien que curieux au possible, ne se rendaient pas importuns. Il était visible que les ouvriers vivaient dans une grande crainte de leurs supérieurs, et se tenaient sur la réserve en leur présence. Ils se seraient volontiers approchés des étrangers, car le peuple est en général sociable, et l'exclusisme exercé jusqu'ici envers toutes les autres nations tient uniquement au système politique du gouvernement.

Le trait distinctif de la société japonaise, et celui qui lui donne une supériorité incontestable sur le reste des peuples de l'Asie, c'est l'absence de la polygamie et la position qu'y occupent les femmes. Pour les Japonais, la femme est une compagne et non pas une esclave ; de là vient que, de toutes les nations en dehors du christianisme, ils sont la plus morale, celle qui a les mœurs les plus douces, la seule où se rencontrent la vie de famille et les vertus du foyer.

Les jeunes filles sont bien faites et assez jolies ; elles ont de la vivacité, et la confiance en elles-mêmes que leur donne le sentiment de la considération dont elles jouissent partout. Les femmes prennent part aux entretiens et aux réunions de famille ; on échange les invitations pour les soirées et les festins absolument comme dans nos pays civilisés. L'attitude des deux dames dont nous avons parlé ne doit pas être prise pour un acte de servilité, mais, d'après les usages du pays, simplement pour un témoignage de respect envers les officiers américains.

Le mal et l'immoralité ont sûrement leur place dans les grandes villes du Japon comme dans les autres pays ; mais il n'est que juste de déclarer que, pendant tout le séjour de l'escadre dans la baie d'Yeddo, la modestie des Japonaises ne se démentit pas une fois.

Le 9 avril, en dépit d'une note pressante que lui avaient adressée les commissaires alarmés, le commodore annonça son intention d'avancer encore du côté de la capitale, et de s'en approcher autant que le permettrait la profondeur de l'eau. Les interprètes, qui avaient été envoyés à bord pour tenter de le dissuader, n'y pouvant réussir, se décidèrent à rester sur le navire, pour accompagner cette expédition tant redoutée, et en surveiller les mouvements. Les deux vaisseaux *le Powhattan* et *le Mississipi* furent donc amenés si près d'Yeddo que, sans le brouillard, la ville eût été parfaitement visible. A travers le voile qui la couvrait, on apercevait les contours de la grande capitale, avec son nombre immense de maisons et de bâtiments s'étendant sur une vaste surface.

Les habitations basses, au toit pointu, et les jardins en terrasses, paraissaient tout semblables à ceux des autres villes des bords de la baie, tandis que sur tous les monticules autour de la ville se trouvaient des forts et des batteries garnis de leurs écrans de toile peinte. Il est possible aussi que le brouillard ait fait prendre quelquefois les temples bouddhistes pour des fortifications.

Une ligne de hautes palissades s'élevait dans la mer tout le long de la ville. On y avait ménagé, de distance en distance, des ouvertures pour le passage des bateaux et des plus petites jonques; mais il était difficile de décider si cette barrière avait été placée là pour protéger le débarcadère contre la violence des vagues, ou pour préserver la capitale d'une surprise. Cette dernière supposition est cependant la plus probable.

Quoi qu'il en fût, il restait clair que la ville n'eût pas été de force à résister à l'attaque d'une flottille de chaloupes canonnières, munies de pièces de gros calibre.

La première fois que l'escadre s'était approchée d'Yeddo, le gouvernement japonais avait mis tout en œuvre pour donner aux Américains une haute idée des forces militaires dont il disposait. Des travaux de défense avaient été entrepris, et l'on faisait parader avec ostentation sur le rivage, un grand nombre de troupes. Cette fois, au contraire, la tactique avait changé, et toute apparence de résistance armée fut soigneusement évitée.

Arrivé là, le commodore eut égard à l'inquiétude, aux instances des interprètes, et se contenta de ce coup d'œil jeté sur la grande ville. L'escadre s'arrêta, et revint jeter l'ancre à son ancienne station.

Comme il n'y avait plus de raison pour une prolongation de séjour dans cette partie de la baie d'Yeddo, le commodore, après avoir dépêché le steamer *Macedonia* aux îles Bonin, se transporta à *Simoda* avec le reste de l'escadre.

Ce nouveau port ouvert aux Américains, dans l'île de Nippon, se trouve près de l'entrée de la baie inférieure, ou du golfe d'Yeddo. La ville est placée à l'extrémité occidentale du havre, à l'entrée d'une fertile vallée. Son nom de *Simoda*, qui signifie *champs bas*, lui vient sans doute de sa situation. Tout près de là, une jolie rivière vient se jeter dans le port, et le pays environnant, couvert de collines boisées et de fraîches vallées, offre de tous côtés des aspects aussi variés que pittoresques. Simoda passe pour la plus grande ville de la principauté d'*Idzu;* c'était autrefois une place de commerce d'une importance considérable. Elle date de plusieurs siècles, et servait, il y a deux cents ans, de havre provisoire aux vaisseaux en route pour Yeddo. Mais, depuis qu'Uraga qui est plus avant dans la baie, a été choisi pour le même but, Simoda a été déclinant et s'appauvrissant : il ne s'y fait plus aujourd'hui qu'un commerce insignifiant avec le reste du pays.

La ville est bâtie d'une manière compacte et régulière. Une petite rivière, resserrée dans un canal de pierre, la coupe en deux parties, qui communiquent par quatre ponts de bois. Les rues,

fermées pour la plupart par de légères portes de
bois, se croisent à angles droits. Le nom de la rue
se lit sur un poteau, qui est fixé sur une guérite
où loge le gardien de ces barrières. Ces rues,
qui n'ont pas moins d'une vingtaine de pieds de
largeur, sont, en partie pavées, en partie macadamisées. Mais ce qui fait le mieux juger du degré de civilisation de Simoda, ce sont les soins pris
pour la propreté et la salubrité publiques par l'organisation d'égoûts et de gouttières, qui communiquent directement avec la mer. — Quant aux boutiques et aux maisons, elles sont bâties fort légèrement ; quelques-unes ne sont même que des huttes
couvertes de chaume.

Parmi les demeures des grands, il s'en trouve
quelques-unes construites en pierre, mais ordinairement elles consistent en une charpente de bambou ou de lattes, recouverte d'une argile consistante
Sur cette première couche on applique un second
enduit de plâtre, qu'on peint ensuite en couleur
foncée, à moins que le temps seul ne suffise pour le
noircir. Des moulures blanches sont plus tard arrangées en lignes transversales sur toute la surface du
bâtiment, ce qui, sur ce fond noir, donne aux maisons un curieux air bariolé. Les toits sont souvent
couverts en tuiles, alternativement noires et blanches ; ils dépassent les murs et s'abaissent en larges
rebords, qui forment une espèce de vérandah pré-
servant du soleil. Il n'y a pas de cheminées ; aussi
la fumée est-elle réduite à s'échapper comme elle
peut, par des fentes et des crevasses, à moins

Un tisserand japonais (page 180).

qu'on n'ait eu la précaution, comme cela arrive quelquefois, de ménager des trous dans les murs. Ces bâtiments n'ont, en général, qu'un étage, au-dessus duquel se voient cependant parfois des mansardes.

Quelques-unes de ces résidences sont séparées de la rue par un espace de terrain qui sert de jardin et de cour. Un enclos pareil se voit plus souvent derrière la maison ; tantôt il est arrangé en jardin potager, tantôt il est planté de fleurs, d'arbustes élégants, et renferme des bassins où nagent des poissons dorés.

La façade des maisons et des boutiques est munie de volets mouvants, derrière lesquels se trouvent des panneaux glissants, faits de papier huilé, qu'on ne ferme que lorsqu'on ne veut pas être vu du dehors.

L'intérieur des boutiques ne donnait pas grande idée des ressources et de la prospérité des habitants. Le nom du marchand n'est pas affiché sur la porte ; on y voit, en général, une enseigne de fantaisie, se rapportant au genre de commerce qui se fait là. La distribution des maisons est assez uniforme. La porte est sur l'un des côtés ; elle est protégée par le toit en saillie, sous lequel sont disposées les marchandises les plus communes ; c'est là aussi que se tiennent les acheteurs. Un vestibule, partant de cette porte d'entrée, traverse toute la maison. Chez les marchands, ce passage est encombré de paniers, de guéridons et de plateaux chargés d'objets à vendre. On n'étale pas autrement les articles de vente; c'est tout au plus si les boîtes qui les contiennent présentent leur côté ouvert à la vue des acheteurs.

Il est une partie des habitations japonaises qui ne pouvait manquer d'attirer l'attention particulière des Américains : c'est le sanctuaire de la famille, sorte d'oratoire, où l'on rend chaque jour un culte aux dieux du foyer. Encore un exemple qui nous est donné, par un peuple païen, de ce besoin de l'âme humaine de se rattacher toujours à une puissance supérieure.

Les maisons qui servent d'hôtelleries aux voyageurs sont d'ordinaire propres, mais tout le mobilier consiste en quelques nattes, qui, la nuit, font l'office de lits, et sur lesquelles on peut s'asseoir pendant le jour. Les noms des hôtes momentanés de ces demeures s'inscrivent sur la porte d'entrée. Quand ce sont des gentilshommes japonais qui s'y arrêtent, ils font arborer de grandes bannières avec leurs armoiries.

La ville de Simoda se compose d'un millier de maisons, habitées par une population d'environ sept mille âmes. Il y a là, comme partout au Japon, un trop grand nombre d'employés et d'agents du gouvernement qui consomment et n'ajoutent rien à la prospérité de la ville; cependant on n'y voit guère de mendiants. Tout y a un aspect tranquille et un peu mort; cette ville semble prendre peu de part aux affaires de ce monde.

La nourriture des habitants consiste essentiellement en légumes et en poisson. Ils élèvent cependant des poules, des oies et des canards ; quant au gros bétail, ils s'en servent comme bêtes de somme, mais n'en mangent pas la chair. On cultive une grande quantité de graines de toute espèce ; le froment et le riz sont les principales récoltes. Le blé et l'orge se moissonnent en mai, tandis que le riz n'est prêt à être recueilli que vers la fin de septembre, au moment où nos raisins sont mûrs.

Le caractère des Simodais ne paraît pas très élevé, d'après ce qu'en ont raconté les Américains qui ont pu entrer en rapports avec eux ; mais la superstition joue un grand rôle dans cette population. Quoique les religions nationales du Japon soient maintenues avec beaucoup de zèle, on est tolérant pour les autres cultes, à l'exception, comme on le sait, du christianisme, qui est en exécration depuis le temps des jésuites portugais.

La bouddhisme et le sintou (nom de leur vieille religion nationale), prédominent au Japon. Ajoutons que les classes inférieures y sont d'une dévotion stricte et formaliste, tandis qu'il y a lieu de soupçonner que les personnes d'un rang plus élevé et mieux instruites sont indifférentes à toute religion et se contentent d'une sorte de philosophie. L'idolâtrie a donc, dans ce cas comme dans beaucoup d'autres, failli à satisfaire la soif de l'intelligence et les besoins de l'âme. Puisse le jour bientôt poindre où ce peuple saluera le Désiré des nations et lui ouvrira ses rivages, ses demeures et son cœur !

Dans Simoda il n'y a pas moins de neuf temples bouddhistes, un vaste *Mia*, ou temple *sintoo*, et un grand nombre d'oratoires plus petits. — Ceux qui sont consacrés au culte de Bouddha portent des noms étranges et capricieux; en voici quelques-uns : *Rio-shen-zhi*, ou le *Monastère obéissant de Bouddha; Hon-gaku-zhi, Monastère de la source du savoir; Too-den-zhi, Monastère des champs de riz; Fuku-zhen-zhi, Monastère de la fontaine du bonheur; Chio-raku-zhi, Monastère de la joie continuelle; Chio-me-zhi, Monastère de longue vie.* Vingt-cinq prêtres avec leurs acolytes attachés à ces temples, n'ont d'autre traitement que les offrandes des fidèles pour les funérailles et les autres offices du bouddhisme.

Ces édifices sont en bois, et quoique assez bien tenus, ils portent les traces du temps. Le toit, qui est de tuiles, fait saillie tout autour, comme celui des maisons. Les colonnes qui supportent les temples sont, de même que toutes les autres parties de l'ouvrage, en bois, verni avec la fameuse laque japonaise. Le sol est couvert de nattes.

A l'entrée de la salle principale sont placés, l'un à droite, l'autre à gauche, un tambour et une cloche dont on se sert, au commencement du culte, pour éveiller l'attention des idoles et l'attirer sur leurs adorateurs. Entre la porte et l'oratoire du centre sont plusieurs lutrins ou pupitres, à côté de chacun desquels se trouve un morceau de bois taillé en forme de poisson; on en fait usage pour battre la mesure pendant le plain-chant, qui forme une part essentielle du service.

L'autel sur lequel sont placées, dans des niches, les tablettes des ancêtres, semble être l'objet d'un soin particulier, car il est tenu dans un ordre parfait ; les instruments et les idoles non plus ne souffrent jamais d'un manque de propreté ou de réparation. Les différentes images sculptées ne sont pas meilleures au point de vue de l'art, ni plus imposantes d'aspect que les figures ordinaires des dieux dans les temples chinois. Quelques tableaux sont, par-ci par-là, suspendus aux murailles en guise d'ex-voto ; ils représentent grossièrement quelque circonstance de la vie du dévot, dans laquelle il croit avoir eu à se louer des services de Bouddha ou de quelqu'un de sa nombreuse progéniture de divinités subalternes.

Des troncs, distribués dans plusieurs endroits du temple, avaient excité l'intérêt des visiteurs chrétiens, qui les croyaient destinés à une œuvre de charité ; mais leurs sentiments changèrent bientôt quand on leur expliqua l'inscription qui contenait ces mots frappants : « Pour la nourriture des démons affamés : le donateur acquerra un mérite nouveau. » A l'entrée de quelques-uns de ces temples se dressent des piliers sur lesquels est inscrite une défense d'introduire des liqueurs ou des viandes dans l'enceinte de l'édifice sacré. Tout à l'entour s'étend un cimetière, dans lequel se trouvent une grande variété de tombeaux et de monuments. Ceux-ci, en général, sont faits d'une pierre verdâtre qu'on trouve dans le voisinage de Simoda, et consistent soit en tablettes plates, horizontales ou verticales, soit en obélisques. Parmi les monuments, on remarque plusieurs statues de Bouddha, variant de dimension ; tantôt de grandeur naturelle, tantôt d'un pied et même moins ; les attitudes du dieu sont aussi diverses : tantôt il est représenté assis, tantôt debout. — Les bas-reliefs qu'on voit sur quelques tombes représentent aussi Bouddha ; les uns, sortant d'une coquille entr'ouverte, les autres, les mains jointes, ou encore tenant une feuille de lotus ou quelque autre symbole.

Ce qui corrige l'aspect plutôt sombre de ce champ de sépulture, défiguré par les monuments grossiers et grotesques d'un art superstitieux, c'est l'abondance des fleurs qui y sont partout distribuées. Jour après jour on les place, fraîchement cueillies, dans des coupes et des vases pleins d'eau posés devant les tombes et les idoles. D'autres offrandes encore sont fréquemment déposées auprès des statues de Bouddha et de ses divinités alliées.

Sous la mousse, dont l'humidité du climat couvre bientôt les pierres tumulaires, on déchiffre difficilement les inscriptions quand elles sont un peu anciennes. Elles retracent au reste, comme les nôtres, les noms et le rang du défunt avec la date de sa mort. Afin que la mémoire des bonnes actions survive à ceux qui les ont faites, on y met souvent un petit résumé de leurs œuvres méritoires, au nombre desquelles il n'est pas rare de voir compter un, deux et même trois mille volumes de livres canoniques qu'ils ont récités. C'est une somme

Prêtres et temple de Boudha. Cimetière (page 186).

d'œuvres pies qui leur donne des titres, dit la pompeuse épitaphe, à toutes les félicités du ciel. Une invocation, « ô merveilleux Bouddha, » est la préface obligée de ces inscriptions.

Près des tombes et des monuments nouveaux se trouvent des planches étroites ou tablettes de bois, sur lesquelles sont tracés des extraits des livres saints, exhortant les vivants à augmenter leur provision de bonnes œuvres en lisant avec assiduité dans ces excellents volumes, ou en faisant accomplir par procuration ce devoir nécessaire, sans négliger de payer aux prêtres les prix accoutumés. Les livres canoniques suppléent à beaucoup d'autres inscriptions par des citations bien choisies, pour exalter la fidélité du défunt ou pour inculquer aux survivants l'idée de la brièveté de la vie et de la vanité de ce monde. Voici la traduction d'une de ces sentences :

« Quelle permanence possède la gloire de ce monde?
Elle s'évanouit à notre vue comme la gelée blanche au soleil.
Si les hommes désirent entrer dans les joies de la lumière céleste,
Qu'ils respirent un peu les parfums du livre de Bouddha. »

En voici une autre :

« Quiconque désire que son mérite atteigne jusqu'à la demeure des esprits, qu'il devienne parfait dans la doctrine, ainsi que moi et tous les vivants. »

Et encore :

« Le sage rendra nos demeures illustres, et nos monuments durables autant que les siècles. »

Jamais ne manquaient les allusions au payement

des contributions que doivent les survivants pour que l'objet de leur espérance et de leurs aspirations puisse leur être assuré.

A Yoku-Hama on trouve, outre ces inscriptions japonaises, des tablettes sur lesquelles sont tracés des charmes en langue du Thibet, ou en caractères chinois des plus compliqués. Ceux qui les avaient écrits ne faisaient pas même profession de les comprendre, mais tous n'en étaient pas moins persuadés de leur efficacité pour empêcher les malins esprits de troubler le repos des trépassés.

Les neuf temples bouddhistes sont situés un peu en arrière de la ville, dans les faubourgs. Sur les pentes et le sommet des collines on a élevé, au milieu des bosquets touffus, des pavillons ou des chapelles, où l'on arrive par un certain nombre de marches taillées dans le roc. Ces sanctuaires contiennent de grossières images ou simplement des inscriptions consacrées à la divinité tutélaire du lieu. Ils sont placés là dans le but de procurer à ceux qui passent la facilité d'implorer ou d'apaiser les bons et les mauvais esprits du voisinage. A la porte et devant l'autel il y a toujours des bouquets de fleurs, des pièces de monnaie, des fragments de papier, des chiffons et d'autres articles laissés là par les fidèles en offrandes propitiatoires.

Le *Rio-shen-zhi*, le plus grand des neuf temples bouddhistes, fut mis à part par les autorités gouvernementales pour l'usage momentané des Américains. Ils trouvèrent, joint à ce bâtiment, un jardin potager où croissent les légumes destinés aux prêtres, et un parc avec des massifs de fleurs, des groupes de beaux arbres, et des étangs aux poissons dorés. Un petit pont met ce jardin en communication avec un escalier qui permet de monter sur la colline voisine.

Une salle réservée aux voyageurs fait partie de l'édifice ; elle peut, au moyen de portes à coulisses, se diviser en plusieurs appartements. Les officiers américains, cependant, furent logés ailleurs, et fort convenablement. Avec des nattes en abondance pour lits, du riz excellent et des légumes pour nourriture, des serviteurs attentifs et une propreté parfaite, ils n'eurent pas à se plaindre sous le rapport du matériel de la vie.

Le grand *Mia*, ou temple *sintoo*, est dans la même partie de la ville que les autres. L'entrée en est couverte d'une tente, sous laquelle on passe pour arriver au pied d'une rampe de degrés de pierre, qui conduisent dans la salle principale. Deux grotesques lions en pierre en gardent l'accès. Les piliers qui soutiennent le porche sont couverts de figures grossièrement taillées, représentant des têtes de tigres et d'éléphants. Le temple lui-même est en bois, avec un toit de chaume. L'intérieur en est divisé en deux compartiments : la salle principale, et un sanctuaire intérieur, séparé par un treillage de bambou. C'est là qu'est placée l'image de *Hachiman*, le héros déifié auquel est consacré le temple. Dans des niches de chaque côté, on voit des figures de serviteurs en vieux costume japonais, armés d'arcs, et comme attendant les ordres de leur supérieur. Les pieuses offrandes des fidèles ne manquent pas aux pieds de la divinité. Quelques peintures sans art, une épée, un arc et des flèches ornent les murs intérieurs du sanctuaire. On y admire aussi une gigantesque liste de souscription, indiquant les noms et les donations des fidèles pour le service de l'église. Ce document n'a pas moins de dix mètres de long. Les prêtres semblent considérer cette imposante exhibition de la munificence des fidèles comme un moyen utile de leur remémorer ce devoir. Une fête a lieu chaque année en l'honneur de Hachiman ; on la nomme *Matsouri*, et c'est le moment où chacun est tenu de payer ses contributions. — Aux pieds de l'idole est un tronc pour les aumônes de ceux qui sont ou trop modestes pour publier leur nom, ou trop pauvres pour que leurs dons puissent faire bonne figure dans la liste.

Ce grand temple *sintoo* a plusieurs succursales ou petites chapelles, dédiées à certains grands hommes divinisés, dont les bons offices sont réclamés soit par ceux qui suivent une vocation particulière, soit dans des occasions spéciales. Les sites de ces divers lieux de culte ont été fort bien choisis dans les endroits les plus pittoresques, au milieu des bois qui recouvrent les déclivités des collines aux environs de Simoda. Quelques-uns sont tellement ensevelis dans l'épaisseur des bosquets, que le voyageur ne les aperçoit qu'au moment où il en touche le seuil.

Il en est un surtout qui est remarquable par la beauté de sa position et l'élégance de sa structure. Les Américains le nommèrent *la chapelle des mariniers;* il est, en effet, consacré à un saint, patron des matelots, et tous ceux qui vont en mer le fréquentent assidûment. On y voyait constamment des groupes de pêcheurs, avec leurs paniers remplis de la pêche heureuse du jour, exprimer leur gratitude selon les formes prescrites, tandis que, prosternés devant l'idole, des marins échappés d'un naufrage venaient faire le sacrifice de leur chevelure, ou quelque autre pénitence volontaire, pour accomplir les vœux formés à l'heure du danger. Les bateliers et les pêcheurs s'établissaient à l'entrée des arbres pour y réparer leurs filets, et là, entourés de leurs corbeilles, de leurs longues rames et des autres instruments de leur métier, ils semblaient invoquer une bénédiction pour la pêche du lendemain.

Cette *chapelle des mariniers* est une des plus belles constructions de Simoda et des environs. Au-dessus de l'entrée, un bas-relief, sculpté en bois, représente la grue sacrée prête à s'envoler, symbole de la vie instable des marins. Un cordon de paille, pendant en dehors de la porte, communique avec une cloche placée à l'intérieur de l'édifice, pour que, en arrivant, le fidèle puisse avertir la divinité de sa venue, et la rendre attentive aux besoins de son visiteur.

Les dépenses occasionnées par ces nombreux établissements doivent être un grand fardeau pour le peuple, mais les Américains ne purent obtenir aucune information à ce sujet. Les prêtres, dépendant presque entièrement des offrandes volontaires des adeptes, sont stimulés par là à beaucoup d'activité et de zèle dans l'accomplissement de leurs fonctions.

Mais revenons à notre narration. Nous retrouvons l'escadre à l'ancre dans le beau havre de Simoda; et les officiers usant des priviléges que leur assurait le traité pour parcourir fréquemment la ville et ses environs. Les gens du peuple paraissaient fort disposés à faire accueil aux étrangers, et à entrer en conversation avec eux. Ils se pressaient autour d'eux, examinant les costumes avec leur curiosité habituelle, touchant les épées, les boutons, tout ce qui brillait sur les uniformes, avec une ardeur et un plaisir d'enfants ; puis ils demandaient par des gestes expressifs le nom anglais de chacun de ces charmants objets.

Bientôt, cependant, les Américains s'aperçurent que le gouvernement japonais ne comptait pas continuer à leur permettre ces bons rapports avec le peuple. Dès qu'ils se montraient à terre, ils voyaient les agents de police, aidés de soldats armés, accourir pour disperser les indigènes. Non content d'exercer cette sévère discipline sur les Japonais, on en vint à tenter d'employer la même autorité à l'égard des Américains. Une escouade de soldats s'attacha à leurs pas, les suivant partout avec la ténacité d'une meute de limiers. Les officiers n'aperçurent bientôt plus dans la ville que des rues désertes, et des boutiques fermées, comme si la peste avait passé par là. Même en s'avançant dans la campagne, ils ne purent se débarrasser de la vigilance jalouse de leurs espions, qui paraissaient résolus à ne pas perdre de vue ces visiteurs intempestifs, et à les surveiller rigoureusement.

Indigné de cette conduite, qui était une violation des stipulations du traité, le commodore envoya à terre le lieutenant de l'escadre, avec deux interprètes, pour en demander raison au préfet de la ville. Dans le cas où ces vexations seraient renouvelées, il menaçait de se transporter à Yeddo avec toute l'escadre, afin d'exiger une explication. Le préfet donna pour excuse l'habitude d'agir ainsi à l'égard des Hollandais à Nagasaki, convaincu que ce précédent devait suffire aux Américains pour justifier à leurs yeux cette règle de conduite. Il apprit bientôt, au contraire, que la manière dont on traitait les Hollandais n'était rien moins qu'applicable aux Américains, qui avaient un traité de commerce et d'amitié avec le Japon. Venus à Simoda en amis, ils insistaient pour être traités comme tels, et ne souffriraient aucune infraction aux priviléges qui leur avaient été garantis par un pacte solennel. On assura de plus au préfet que les visiteurs, ne voulant que du bien au peuple, ne pouvaient supporter de voir tous leurs rapports avec les habitants surveillés ou empêchés par des soldats.

Ce langage résolu eut son effet ordinaire : le

préfet s'excusa, prétextant qu'il avait ignoré cette clause du traité, et accorda au commodore quelques autres requêtes, au sujet de l'établissement de ses hommes à terre.

Les officiers, délivrés de cette importune escorte, purent dès lors descendre chaque jour sur le rivage, et parcourir librement la contrée. Un jour, quelques-uns d'entre eux, se promenant hors des faubourgs, s'aperçurent que, depuis un certain temps, deux Japonais les suivaient à distance ; ils ne s'en inquiétèrent d'abord pas, mais venant à observer que ces gens s'approchaient d'eux à la dérobée et comme s'ils cherchaient l'occasion de leur parler, les officiers américains s'arrêtèrent pour les attendre. Les deux Japonais qui les accostèrent paraissaient appartenir aux classes élevées ; ils étaient vêtus de riches étoffes, et chacun d'eux portait à sa ceinture les deux sabres caractéristiques de la distinction du rang. Leurs manières avaient l'aisance que donne une bonne éducation, cependant il y perçait une nuance d'embarras : on sentait que c'étaient des hommes en train de faire une démarche d'une convenance douteuse. Après avoir jeté les yeux de tous côtés, afin de s'assurer que nul de leurs compatriotes n'était là pour les observer, l'un d'eux s'approcha d'un des officiers, et, avançant la main comme pour admirer sa chaîne de montre, glissa dans sa poitrine un papier plié. Posant alors le doigt sur leurs lèvres d'une manière significative, ils s'éloignèrent rapidement.

Voici la traduction littérale du contenu de ce mystérieux billet :

« Deux savants d'Yeddo présentent cette lettre à l'inspection des grands officiers et de ceux qui dirigent les affaires. Notre savoir est frivole et de peu de valeur, comme nous-mêmes sommes petits et sans importance ; c'est pourquoi nous sommes confus en nous présentant devant vous. Nous sommes inhabiles à manier les armes, et ne saurions discourir sur la stratégie et la discipline militaire, car nos mois et nos années se sont dissipés dans de frivoles recherches et d'inutiles passe-temps.

« Mais nous avons lu dans les livres, et appris un peu par ouï-dire ce que sont les mœurs et l'éducation en Europe et en Amérique ; aussi, depuis bien des années, avons-nous désiré d'aller voyager dans les cinq grands continents. Cependant les lois de notre pays sont très sévères, et empêchent rigoureusement les étrangers de venir chez nous, comme nous d'aller à l'étranger. Notre ardent désir de visiter d'autres régions a dû, en conséquence, être renfermé dans notre poitrine, où il se débattait dans une agitation continuelle, comme quelqu'un dont on arrêterait la respiration, ou dont on gênerait la marche. Heureusement, l'arrivée de tous vos navires dans nos eaux, et leur station de bien des jours nous ont permis de faire une agréable connaissance ; un examen attentif nous a convaincus de la bonté et de la générosité de Vos Excellences ; il a, en même temps, ravivé les dé-

sirs de tant d'années, et rendu urgent notre besoin de sortir d'ici.

« Voici donc le moment de mettre ce plan à exécution, et nous vous adressons secrètement requête
de nous prendre à bord de vos navires, quand ils
mettront à la voile; nous pourrons ainsi visiter
les cinq continents, et ne craignons pas pour cela
d'enfreindre les prohibitions de notre gouvernement.

« Pour éviter à ceux qui dirigent les affaires
toute inquiétude à notre sujet, nous nous enga-
geons à servir sur les vaisseaux autant que nous le
pourrons, et à obéir à tous les ordres qu'on nous
donnera.

« Il est bien naturel qu'un homme paralytique,
en voyant marcher les autres, désire marcher
aussi; mais comment le piéton pourra-t-il satisfaire ce désir quand il voit les autres à cheval?
Toute notre vie, nous avons cherché à aller vers
vous, incapables de dépasser 30 degrés de l'Est à
l'Ouest, et 25 du Nord au Sud. Et maintenant que
nous vous voyons naviguer sur les tempêtes et
fendre les vagues immenses, franchissant avec la
rapidité de l'éclair des milliers de lieues le long
des cinq continents, ne pouvons-nous pas être
comparés à l'impotent qui a trouvé le moyen de
marcher, et au piéton auquel s'offre l'occasion de
chevaucher?

« Si vous, qui arrangez les affaires, voulez
prendre notre requête en considération, vous ac-
querrez des titres à notre reconnaissance; mais,

d'après les lois de notre pays, si l'on découvrait notre projet, nous nous verrions poursuivis et condamnés à mort, ce qui sûrement serait un chagrin pour vous, vu l'humanité et la bienveillance que vous nous témoignez. Si donc vous êtes disposés à accéder à notre prière, tenez-la enveloppée dans le silence jusqu'au moment du départ, pour éviter ce danger de mort ; peut-être plus tard, lorsque nous reviendrons, nos compatriotes ne chercheront-ils pas à faire des perquisitions sur ces choses passées.

« Bien que nos paroles n'aient que fort imparfaitement donné essor à nos sentiments, elles sont cependant sincères, et si Vos Excellences veulent bien les regarder avec bonté, ne les mettez pas en doute, et ne vous opposez pas à nos souhaits.

« En vous remettant cette lettre, nous y joignons nos respects.

« Avril, le 11. »

Pendant la nuit qui suivit cette rencontre avec les aventureux jeunes savants, l'officier de quart sur le *Mississipi* entendit, vers deux heures après minuit, une voix qui partait d'un bateau bord à bord ; s'avançant vers la galerie, il trouva une couple de Japonais qui, montés par l'échelle de côté, donnaient des marques expressives de leur envie d'être reçus à bord. Une fois arrivés, ils se montrèrent anxieux de rester, et déterminés à ne pas retourner à terre. Le capitaine du *Mississipi* les renvoya au vaisseau commandant, qu'ils atteignirent avec assez de peine à cause des vagues. Lorsqu'ils y furent montés, leur bateau, soit accident, soit intentionnellement, s'en alla à la dérive. Le commodore envoya aussitôt son interprète pour s'entendre avec eux, et apprendre le sujet de cette visite intempestive. Ils avouèrent franchement leur désir d'être emmenés aux États-Unis, où ils pourraient satisfaire leur besoin de voyager et de voir le monde.

Les officiers les reconnurent alors pour les deux savants qu'ils avaient rencontrés sur le rivage. Ces Japonais semblaient fatigués de leur traversée, et leurs vêtements portaient les traces d'un long voyage, bien que ce fussent des hommes de bonne condition. Ils écrivaient le chinois des mandarins couramment et avec élégance; leurs manières étaient aussi gracieuses que distinguées.

Le commodore, informé de toute cette histoire, leur fit exprimer son regret de ne pouvoir les prendre à bord : il eût beaucoup aimé à emmener quelques Japonais en Amérique ; mais il se voyait dans l'obligation de les refuser, à moins qu'ils n'obtinssent la permission de leur gouvernement, ce dont il leur restait le temps, l'escadre ne devant pas encore mettre à la voile.

Cette réponse parut les bouleverser; ils assurèrent qu'en retournant à terre maintenant ils y perdraient leur tête, et implorèrent avec ardeur l'autorisation de rester. Il fallut se refuser à cette prière; on le fit avec bonté, mais avec fermeté. Une longue discussion s'en suivit, pendant laquelle ils essayèrent de tous les arguments, faisant surtout appel à l'humanité des Américains. Cependant une chaloupe avait été préparée, où, malgré leur résistance, on les décida à descendre. Ils le firent de l'air le plus lamentable, en déplorant leur sort. On les débarqua du côté où l'on pouvait supposer qu'aurait abordé le bateau abandonné.

Dans l'après-midi du lendemain, Yenoske arriva à bord du *Powhattan*, et demanda à voir le lieutenant d'escadre. Il lui raconta que la nuit précédente, deux Japonais hors de sens s'étaient rendus à bord d'un des vaisseaux américains, et voulut savoir si c'était sur le *Powhattan*, s'informant surtout s'ils n'avaient commis aucune inconvenance. Le lieutenant répondit d'une manière un peu évasive, assurant pourtant que, parmi les Japonais qui visitaient les navires, aucun ne s'était rendu coupable d'une inconvenance ou d'un mauvais procédé quelconque. On demanda à Yenoske si les individus dont il parlait étaient en sûreté à terre. Il répondit affirmativement.

Le commodore apprenant cette visite, et l'inquiétude apparente des Japonais au sujet de la conduite des visiteurs de la nuit précédente, envoya à terre un officier chargé de calmer cette agitation, et de s'interposer autant que possible en faveur des deux pauvres coupables, qui allaient être poursuivis de l'extrême rigueur des lois. De plus, on assura aux Japonais qu'ils pouvaient être sans inquiétude sur un sujet pareil, attendu qu'aucun vaisseau américain ne recevrait un de leurs compatriotes sans la permission des autorités. Ni le commodore, ni les officiers n'étaient capables d'abuser ainsi de leur confiance, en agissant d'une façon qui ne serait pas d'accord avec l'esprit du traité récemment conclu.

Si le commodore avait pu suivre son propre sentiment, il eût volontiers donné asile sur son navire à ces pauvres Japonais, qui n'avaient d'autre motif de s'échapper de leur patrie que le désir de satisfaire une curiosité généreuse, stimulée par la présence des Américains au Japon. Cependant le respect des engagements pris parlait plus impérieusement encore que cette compassion naturelle. Se rendre complice de la fuite d'un sujet, c'était enfreindre les lois de l'empire ; or, il était important, en bonne politique, de se conformer, partout où la chose était possible, aux institutions d'un pays dont on avait obtenu déjà tant d'importantes et difficiles concessions. L'empire du Japon interdisant, sous peine de mort, à tous ses citoyens de quitter le sol natal pour un pays étranger, les deux jeunes gens qui s'étaient rendus à bord du *Powhattan* étaient donc criminels aux yeux de leur gouvernement, quelque innocents qu'ils pussent paraître à ceux des Américains. — En outre, bien qu'il n'y eût pas de raison de mettre en doute la vérité de leur récit, il était possible que d'autres motifs les eussent influencés : ce pouvait être un stratagème inventé pour mettre à l'épreuve l'honneur américain, comme l'idée en vint à quelques officiers.

Quoi qu'il en fût, le commodore s'efforça d'atténuer la gravité de cette faute, en s'appliquant à témoigner aux autorités combien il l'estimait légère : il espérait par là adoucir le châtiment des coupables.

Tous les Américains éprouvaient un vif intérêt pour ces deux jeunes hommes instruits et bien élevés, prêts à braver des lois sévères, à jouer même leur vie pour l'amour sacré de la science. Les Japonais en général aiment à examiner, à comprendre, et sans doute accueilleraient avec joie toute occasion d'augmenter le trésor de leurs connaissances. La conduite de ces deux malheureux était donc caractéristique : rien ne peut mieux donner l'idée des besoins intellectuels de ce peuple comprimé par des lois inflexibles et une surveillance incessante. Cette disposition des Japonais ouvre un vaste champ aux espérances qu'inspire la destinée de cette nation.

Peu de jours après les faits que nous venons de raconter, quelques officiers, parcourant les faubourgs, se trouvèrent en présence de la prison de la ville, et là reconnurent les deux infortunés voyageurs enfermés dans une sorte de cage, de dimension restreinte et close par des barreaux de fer; ils avaient été, paraît-il, dénoncés et poursuivis immédiatement après leur visite aux vaisseaux, puis, quelques jours plus tard, saisis et jetés en prison. Ils avaient l'air de supporter leur malheur avec une grande sérénité d'âme, et se réjouirent vivement à la vue des Américains, aux yeux desquels ils désiraient beaucoup paraître à leur avantage. Un des officiers s'étant approché de la cage, l'un des Japonais traça sur une carte ces mots qui méritent d'être conservés, comme un exemple remarquable de résignation et de philosophie dans des circonstances où la patience de plus d'un chrétien se serait trouvée en défaut :

« Un héros échoue-t-il dans son entreprise, on le regarde comme un scélérat et un malfaiteur. Nous avons été saisis en public, garrottés et enfermés dans ce cachot; les magistrats et les principaux du peuple nous traitent avec mépris, et nous font beaucoup souffrir. Mais, n'ayant rien à nous reprocher, nous relevons la tête, et l'on verra si le héros se montrera héros jusqu'au bout.

« Considérant la liberté de parcourir les soixante États comme insuffisante pour nos désirs, nous voulions faire le tour des cinq continents. Tel fut, pendant de longues années, le souhait de notre cœur. Soudain nos plans sont renversés, et nous nous trouvons reclus dans cette étroite demeure, où l'on ne peut ni s'asseoir, ni se reposer, ni dormir, ni manger sans difficulté et sans souffrance. Comment pourrons-nous en sortir ?

« Pleurant, nous passerions pour des fous; riant, on nous prendrait pour des criminels. Hélas ! il ne nous reste qu'à nous taire.

(Signé) « Isagi Kooda,

« Kivansuchi Mangi. »

Informé de ces détails, le commodore envoya un lieutenant à terre pour s'enquérir d'une manière non officielle du sort des deux prisonniers. La cage fut trouvée vide; ils avaient été transportés à

Yeddo, et l'on ne put jamais savoir positivement ce qu'ils étaient devenus. Les autorités toutefois donnèrent au commodore l'assurance qu'il n'avait pas à appréhender une fin tragique pour cette aventure.

Pendant ce temps, les relations les plus amicales se nouaient entre les Américains et les habitants de Simoda. On vendait, on achetait librement. Un petit cimetière avait été concédé dans le voisinage de la ville, et l'on y avait inhumé un matelot mort sur le *Powhattan*. Aussi fut-ce avec surprise et indignation que le commodore apprit un jour un outrage fait à ses officiers ; il en demanda immédiatement raison aux magistrats. — Voici le fait :

Après une journée passée à chasser dans les environs de Simoda, trois officiers, se trouvant en retard, cherchèrent un abri dans un des temples. Comptant passer la nuit dans l'espèce d'hôtellerie qui fait toujours partie des dépendances d'un temple, ils en informèrent poliment Tatnoske l'interprète. Leur intention ne dépassait pas les limites de la permission accordée par les autorités. A peine cependant s'étaient-ils disposés à dormir sur les nattes moelleuses de l'appartement, qu'une troupe de soldats, conduits par Tatnoske, vint avec un grand fracas troubler la perspective de leur repos. Les Japonais s'étant introduits sans cérémonie, insistaient brutalement pour faire partir les officiers. Comme ceux-ci se montraient peu disposés à obéir à cette injonction, Tatnoske, avec le principal officier, sortit en exprimant l'intention d'en appeler à l'autorité du commodore. Pendant leur absence, les soldats, devenus encore plus grossiers et plus insolents, furent réduits au silence et chassés de la salle par l'attitude menaçante des officiers, qui avaient fini par mettre les armes à la main, et restèrent ainsi maîtres du champ de bataille. — La nuit se passa tranquillement, la garde japonaise jugeant prudent de rester dans une autre partie du bâtiment.

Plainte fut portée au préfet; il essaya d'abord quelques excuses, puis rejeta toute la faute sur l'ignorance de ses subordonnés. Cette apologie fut acceptée pour une fois, mais le commodore déclara que dorénavant il ne ferait pas de distinction entre les actes de ce magistrat et ceux de ses employés.

Cette difficulté surmontée, les communications bienveillantes ne furent plus interrompues, et l'on put se quitter dans de très bons termes, après la station de vingt-cinq jours que l'escadre avait faite dans le port de Simoda. Le but d'explorer le havre, de faire connaissance avec l'endroit et ses habitants se trouvait atteint. Le commodore avait réussi à donner au peuple une juste idée des relations qu'il désirait établir avec eux; en même temps il avait convaincu les autorités qu'on ne tolérerait nulle infraction au traité de Yoku-Hama.

Suivons maintenant l'escadre à *Hakodadi*, ville située beaucoup plus au nord que Simoda, et dans l'île de *Yézo*.

VII

Les steamers étaient à peine depuis quelques heures à l'ancre dans le port de Hakodadi, lorsqu'un bateau du gouvernement, semblable à tous ceux qu'on avait déjà vus, mais plus lourd et plus grossièrement construit, s'approcha lentement du vaisseau commandant. Les officiers japonais qui le montaient furent reçus à bord du *Powhattan;* on leur remit une lettre des commissaires et une version chinoise du traité conclu à Yoku-Hama. Ils ne s'attendaient nullement à l'arrivée de l'escadre; les officiers qui devaient venir d'Yeddo pour recevoir le commodore à Hakodadi n'y étaient pas encore arrivés, en sorte que le peuple était fort épouvanté de l'apparition subite des vaisseaux étrangers. Les nouvelles ne circulent pas au Japon avec la même rapidité que dans nos contrées : on n'avait pas même entendu parler du traité et de la concession du port de Simoda.

Le lendemain (c'était le 18 mai), le lieutenant d'escadre, accompagné du secrétaire du commodore et de deux interprètes, se rendit à terre pour s'entendre avec les autorités. Le gouverneur qui s'appelait *Yendo-Matzaimon* et deux des principaux personnages de sa suite les reçurent avec le cérémonial accoutumé, dans une grande salle arrangée et décorée à la mode japonaise. Le gouverneur, homme d'un certain âge, à l'expression bienveillante, aux manières douces et polies, donnait, avec ses deux compagnons, une très bonne idée de la noblesse du pays. Un enfoncement, formant à l'une des extrémités de la salle une espèce de niche entourée d'une moulure artistement sculptée, contenait un fauteuil et les idoles familières : on voyait que c'était un coin dédié aux rites du culte domestique. Des serviteurs circulaient avec les plateaux chargés des rafraîchissements habituels, et les magistrats ne cessèrent pas un instant de se montrer polis et empressés à l'égard des visiteurs étrangers.

Les Américains exposèrent le but de leur venue, demandant que les arrangements faits à Simoda le fussent également à Hakodadi. Ils réclamaient le privilége de circuler librement dans la ville et la contrée avoisinante, de communiquer avec le peuple, d'entrer dans les boutiques, d'acheter, outre les provisions nécessaires aux vaisseaux, les productions qui pourraient les intéresser, à commencer par les spécimens de l'histoire naturelle du pays, enfin de loger dans une dépendance des temples, comme cela avait eu lieu à Simoda.

Le pauvre gouverneur se trouvant dans un grand embarras, promit de répondre pour le lendemain, quand il aurait pu en conférer avec son conseil. Le jour suivant, en effet, le commodore reçut une communication qui commençait ainsi :

« Hakodadi est un endroit reculé et bien éloigné des grandes villes ; la population en est ignorante et peu cultivée, tellement que lorsque vos honorables vaisseaux ont paru dans le port, tous, jeunes et vieux, se sont enfuis vers l'intérieur, malgré les efforts des officiers pour empêcher cette dispersion.

« Vous êtes venus ici pensant, sans doute, y trouver une région étendue et bien organisée, et vous n'avez pas l'idée de la piller ou d'y pénétrer de force. Nous n'avons pu expliquer cela à notre peuple, timide et ignorant, qui, comme vous en avez été témoins, s'enfuyait devant vous. Cependant vous pourrez désormais descendre à terre, certains que personne ne vous empêchera de vous y promener, ou ne se montrera grossier à votre égard.

« Notre ville n'est, pour ainsi dire, pas plus grande qu'une pilule ou qu'une tache d'encre ; quant à la contrée environnante, elle est stérile et ne produit presque rien. La plupart des provisions nécessaires à la vie nous sont expédiées des autres principautés, et ce que nous aurons à vous offrir ne vous satisfera pas à l'examen. Ce pays-ci ne peut se comparer aux riches contrées de Simoda et d'Uraga. »

Le gouverneur expliquait ensuite ses perplexités au sujet du traité, dont la cour d'Yeddo ne lui avait fait parvenir aucune communication. L'autorisation demandée de loger dans les salles des temples destinées à cet usage l'inquiétait également ; il fallait, disait-il, qu'il s'adressât au prince, qui transmettrait la requête à l'empereur. — « Toutefois, ajoutait-il, il vous sera permis, en attendant, de faire des excursions dans la contrée, de visiter les villages, d'entrer dans les marchés et les boutiques, quoique tout cela soit misérable, grossier, et bien indigne de vos regards. En outre, toutes les provisions que nous pourrons vous fournir, telles qu'œufs, poules, canards, poissons, en un mot tout ce que nous avons ici, nous le mettons à votre disposition. »

Le gouverneur paraissait craindre surtout que le logement des étrangers dans l'enceinte des bâtiments sacrés n'eût quelque rapport avec le culte national ; mais on le rassura complétement sur ce point. — Dès lors les officiers commencèrent à visiter le pays, parcourant librement les rues, et entrant, sans aucune entrave, dans les boutiques comme dans les temples. On leur assigna même trois maisons d'habitation, une pour le commodore, une autre pour les officiers, la troisième pour les artistes, tandis qu'un bazar, ouvert tous les jours, leur fournissait différents articles d'art et de manufacture indigènes.

Grâce à cette liberté de mouvement, les Américains arrivèrent à une connaissance assez exacte d'Hakodadi et de ses habitants ; aussi, laissant le commodore et les autorités aux prises avec de longues et ennuyeuses négociations, pouvons-nous intercaler dans notre récit quelques descriptions et quelques détails.

La ville de *Hakodadi* ou *Hakodate* est située sur la côte méridionale de l'île de Yézo. Elle se présente à l'œil d'une manière frappante et pittoresque, étalée sur un espace de quatre kilomètres au pied d'un haut mont à trois pointes. Les pentes supérieures sont revêtues de pins et de buissons clair-semés, les sommets nus et souvent couverts de neige ; mais à leur pied s'étendent de hautes forêts d'érables et d'arbres fruitiers, tels que des pêchers et des pruniers, ainsi que des bosquets de cyprès, présentant au regard une profusion de verdure. La ville est comme couchée dans un nid fraîchement ombragé, au milieu d'une nature extrêmement pittoresque. Elle se compose d'un millier de maisons, formant une rue principale qui s'étend fort loin en longeant la mer ; le reste des habitations sont rangées en rues, suspendues, en petit nombre, sur la pente de la colline à laquelle s'adosse Hakodadi.

Cet aspect général frappa tous ceux des Américains qui avaient visité Gibraltar, par sa ressemblance avec la position et la physionomie de cette forte ville anglaise sur le sol espagnol. La colline isolée à laquelle s'appuient une partie des habitations correspond au roc de Gibraltar ; la position avancée de la ville, la vaste baie qui l'environne, et d'autres traits de paysage se réunissent pour justifier cette comparaison. Bien qu'on eût pu faire aisément de cette place une forteresse imprenable, elle ne présente aucune trace de travaux militaires, à l'exception de deux petits forts qui défendent le port.

Les rues d'Hakodadi sont très régulièrement bâties et se coupent à angles droits. Comme à Simoda et dans la plupart des cités japonaises, de grands soins sont donnés à la propreté et à l'entretien des voies de communication. Les égouts de la ville se versent dans des canaux bien construits qui aboutissent à la mer. Comme il n'y a pas de voitures, les piétons marchent indistinctement sur les trottoirs pavés ou sur la chaussée soigneusement macadamisée, qu'on arrose et balaie de façon à entretenir toujours la propreté et la salubrité. De distance en distance les rues sont coupées par des barrières de bois qui restent ouvertes aux passants tout le jour, mais qu'on ferme la nuit.

Hakodadi, de même que les autres villes du Japon, est divisée en quartiers formant autant de communes distinctes. Les habitants de chaque rue sont, chose remarquable! responsables les uns des autres, et gouvernés par un chef nommé *ottona*, qui a pour charge de maintenir le bon ordre au milieu de ses administrés. Les barrières et les portes paraissent marquer les limites du champ de travail de chacun de ces magistrats. Chaque rue a une guérite avec une sentinelle qui veille aux accidents, aux incendies, et doit prévenir tout trouble.

Au reste, les rues sont fort tranquilles, on n'y

voit aucun des signes d'activité d'une ville de commerce. Ni voitures ni chars ne les parcourent ; on n'y entend jamais le cri des marchands réclamant en faveur de leur étalage la préférence des acheteurs ; on n'y voit ni colporteurs, ni revendeurs, ni foule turbulente. Tout est calme, et le silence des places n'est interrompu, de temps à autre, que par les cris d'un gros palefrenier poussant devant lui sa bête obstinée, bidet mutin ou bœuf récalcitrant ; par ceux du serviteur important d'un grand personnage, faisant prosterner les gens à l'approche de son maître ; ou encore par le bruit du marteau d'un ouvrier dans quelque forge voisine.

Malgré cela, on sent que Hakodadi est une ville vivante et prospère. On le voit aux trains de marchandises qui la traversent à l'occasion, à son port couvert de jonques à l'ancre et de nombreux bateaux qui le sillonnent rapidement en tous sens, au nombre des seigneurs et des officiers à double sabre qui s'avancent fièrement le long des rues, dans leur somptueux costume et montés sur des chevaux pompeusement harnachés.

Les bâtiments sont tous d'un étage seulement, avec des mansardes de diverse hauteur. Quelquefois cette partie supérieure forme un appartement complet, mais pour l'ordinaire ce n'est qu'un galetas ou le logement des domestiques. Le sommet du toit ne s'élève pas à plus de vingt-cinq pieds au-dessus du sol. Ce toit est construit en pente, avec de grands rebords, le pignon donnant sur la rue, comme dans les constructions hollandaises.

Au haut de chaque maison on avait cru voir une singulière cheminée enveloppée de paille. C'était, comme on l'apprit, une cuve qu'on tient constamment pleine d'eau pour les cas d'incendie qui sont très fréquents. On les redoute beaucoup, comme le démontrent toutes les précautions qu'on prend pour s'en garantir. En effet, outre les cuves de chaque maison, des citernes de bois sont arrangées, de distance en distance, le long des rues, avec les pompes tout auprès et prêtes à être mises en mouvement. Les pompes japonaises sont construites comme les nôtres, avec cette différence qu'elles jettent l'eau par jets saccadés, au lieu d'un courant continu. Les guets donnent l'alarme en frappant sur des pièces de bois suspendues à des piliers. — Il faut dire que les appréhensions des habitants de ces constructions si légères sont justifiées par les débris de maisons incendiées qui couvraient alors un espace assez considérable du sol.

Quelques-unes des meilleures habitations et les temples sont couverts de tuiles d'une couleur brune ; mais les pauvres se contentent de cabanes avec des toits de chaume, où croissent souvent une foule d'herbes et de plantes, dont les graines ont été déposées là par les grues vagabondes ou par d'autres oiseaux. Les murs sont construits de planches de pin ; celles de la façade sont faites et placées de manière à pouvoir glisser horizontalement dans des rainures, comme des volets. La nuit, elles sont fermées par des barres de fer ; mais pendant le jour on les ouvre complétement pour laisser pénétrer la lumière dans les appartements à travers des écrans de papier huilé. — Ces constructions, toutes en bois, ne sont jamais recouvertes de peinture à l'extérieur, de sorte qu'elles acquièrent promptement, dans ce climat humide, un air de vétusté; quant à l'intérieur, il est souvent vernis ou passé à l'huile.

Chaque maison a, sur les linteaux de sa porte d'entrée, un charme ou talisman destiné à la protéger du feu et de toute autre calamité. C'est généralement l'image de quelque idole, une prière imprimée, ou un papier couvert de caractères mystérieux et indéchiffrables.

Le sol, dans l'intérieur des maisons, est tapissé de nattes blanches, doublées d'une épaisse couche de paille, qui les rend plus moelleuses. C'est là-dessus qu'on s'assied pour prendre les repas, pour vendre, pour acheter, pour fumer en causant avec ses amis; et là-dessus qu'on dort, la nuit, sans se déshabiller, en ajoutant toutefois à ces lits un peu simplifiés une autre natte ouatée et piquée, en guise de couverture, et le confort douteux d'une boîte dure pour oreiller.

Tout le mobilier de ces demeures est peu compliqué, ou, pour mieux dire, presque nul. La posture nationale, qui consiste à être accroupi ou couché sur les nattes, fait des chaises un objet de luxe assez superflu : on ne les produit que dans les grandes occasions. Il en est de même des tables. Comme on l'a vu, on y suppléait, dans les repas offerts aux Américains, par des divans aux tapis de crêpe ; les plats, pour atteindre à la hauteur convenable, étaient placés sur de petits guéridons de laque, hauts d'un pied environ, et d'une superficie de quatre pouces carrés. D'ordinaire, les Japonais prennent leurs repas chacun à part, accroupi sur sa natte.

Les ustensiles dont ils se servent pour manger consistent en tasses de bois verni, en bols, en vases et en cuillers de porcelaine, accompagnées de leurs baguettes en guise de fourchettes. — Ils avalent leur potage en le buvant dans des bols, comme pourraient le faire chez nous des enfants affamés, après avoir saisi adroitement avec leurs baguettes les petits morceaux de poisson qui nagent ordinairement dans le liquide.

La bouilloire, qui chante toujours sur le feu de la cuisine, est en argent, en bronze ou en terre cuite. Quelquefois elle est suspendue dans la chambre où l'on se tient habituellement ; le feu de charbon est alors placé dans un trou carré, doublé de briques et contenant du sable, qui se trouve au milieu de l'appartement. On a ainsi toujours sous la main le moyen de faire le thé, qui est la boisson ordinaire, et qu'on offre à tout visiteur ; on le prend très faible et sans sucre.

Les maisons les plus riches ne se chauffent pas autrement que par des braseros placés sur des guéridons, et qu'on transporte, au besoin, de chambre en chambre. Cet usage n'est pas sans danger. — Les habitants d'Hakodadi paraissent souffrir beaucoup de l'hiver. Les pauvres se tiennent enfermés chez eux, entassés pêle-mêle autour de leur feu chétif, dans des cabanes sans cheminées et où le jour ne pénètre que difficilement, au travers des fenêtres de papier. C'est froid, sombre et misérable. — Les riches se couvrent d'une quantité de robes chaudes, mais sans réussir à se sentir bien à leur aise; ils se plaignent toujours de la sévérité du climat.

C'est sur le feu placé, comme nous l'avons dit, au centre de l'appartement, que se préparent, outre le thé, la plupart des petits mets; c'est là aussi qu'on chauffe le *saki*. Les grandes maisons seules sont pourvues d'une cuisine en toute forme, avec des fourneaux à peu près semblables aux nôtres, et où l'on brûle du bois, quoique ce soit une chose dont on use, au Japon, avec économie.

Quelques-uns des notables d'Hakodadi ont des résidences de campagne agréablement situées sur la hauteur. Ces maisons, plus grandes que celles que nous avons décrites, sont bâties sur le même modèle. C'est dans l'arrangement de leurs parcs et de leurs beaux jardins que se déploient l'opulence et le luxe des propriétaires. Les plantations sont toujours disposées avec goût; et les hautes palissades qui enclosent ces lieux privilégiés, et les protégent contre les regards des passants, semblent indiquer un certain amour du chez-soi et de la vie de famille.

Les boutiques de la ville ne contiennent guère que des marchandises de bas prix, et appropriées aux besoins d'une population peu aisée. Il n'y a pas de marché public, et l'on n'y mange ni bœuf, ni porc, ni mouton, à peine quelques volailles. Divers légumes et une préparation faite de haricots et de farine de riz, ayant la consistance et l'apparence du fromage, se colportent dans les rues et forment une grande partie de l'alimentation du peuple.

Les marchands se montraient d'abord timides et peu disposés à faire aux Américains les honneurs de leurs marchandises ; mais, lorsqu'ils se furent un peu familiarisés avec l'aspect de ces étrangers, leur ardeur mercantile se développa bientôt, et ils se montrèrent habiles trafiquants. Ils se démenaient sur la petite estrade où est leur place dans chaque boutique, ouvrant les tiroirs et déployant leurs articles en les présentant sous le jour le plus avantageux, toutes les fois qu'ils pouvaient espérer de rencontrer les regards d'un promeneur américain. — Ils étaient toutefois très jaloux de leurs priviléges, et paraissaient vexés si quelques-uns de leurs chalands s'avisaient de monter sur la plate-forme qu'ils se réservent comme domaine exclusif. Tous leurs prix sont fixes : marchander était inutile et leur semblait une offense.

On voit à Hakodadi quatre grands temples bouddhistes, mais ils ressemblent trop à ceux de Simoda pour que nous en donnions encore la description. — Nos voyageurs rencontrèrent un jour, dans un des cimetières qui entourent ces édifices sacrés, une singulière invention. C'était un poteau assez élevé, dans lequel était intercalée une roue de fer. Ce poteau carré portait sur chacune de ses quatre faces, quelques-unes des inscriptions suivantes :

« Ainsi parle le grand miroir rond de la sagesse : les sages et les fous sont embarqués dans la même nacelle. Heureux ou misérables, les uns et les autres voguent sur le lac profond. La brise d'automne enfle légèrement la voile gracieuse, puis ils entrent dans les nuages lumineux, et deviennent participants de la lumière céleste. »

« Le croyant *Hanyo Shenkaman*, qui ne vieillira plus. »

« La pieuse femme appelée sur cette terre *Yuenning*. Heureux le jour de son départ pour le ciel ! »

« Les multitudes remplissent les tombeaux. »

« A Bouddha seul il appartient de nous rendre dignes d'entrer dans les demeures de la perfection ; lui seul peut sympathiser pleinement avec les hommes d'ici-bas. — Un seul véhicule peut nous transporter dans l'Hadès : c'est le cercueil. — Rien sur la terre n'est semblable à Bouddha, rien, absolument rien. — Nous, membres de la race humaine, qui vivons par le cœur, l'esprit et l'intelligence, nous jouissons d'un grand privilége quand nous lisons les volumes de Bouddha. »

« Ainsi parle celui dont la prescience révèle la sagesse : comme une herbe flottante enlevée par la brise légère, comme les reflets dorés des vagues s'éteignant après le coucher du soleil, ou comme le vaisseau retournant au vieux rivage, telle est la vie : c'est une fumée, une marée du matin. »

« Celui qui a déposé ici son humanité est maintenant arrivé à la perfection par le nom de Bouddha, comme la mousse flétrie reprend vie sous l'abondante rosée. »

« Le livre de Bouddha dit : Tous ceux qui atteignent le pays des bienheureux deviennent tels qu'ils ne sont plus soumis à la transmigration. »

Ces sentences expriment souvent, on le voit, dans un langage élégant et poétique, de graves vérités ou des espérances d'immortalité et d'éternelle béatitude. Mais pourtant, qu'elles paraissent vagues et peu propres à consoler l'âme en passage sur cette terre, si on les compare aux déclarations sublimes de nos saintes Écritures, en particulier aux paroles de celui qui a dit : « Quiconque croit en moi vivra, quand même il serait mort. »

Le pilier carré portant ces sentences était haut d'environ deux mètres et demi. Vers le milieu et à la portée de la main était fixée verticalement une roue, dont nous avons déjà dit un mot, tournant, à la moindre pression, sur un axe qui traversait le pilier. Deux petits anneaux de fer étaient enfilés à chacun des trois rayons de la grande roue. C'était une *machine à prières*. Toute personne qui, en passant, imprime de la main un mouvement à cet instrument, est censée obtenir au ciel un crédit proportionné à la quantité de tours faits par la roue. Le tintement des anneaux de fer doit attirer l'attention de l'idole sur l'invocation des fidèles qui, comme les adorateurs de l'antique Baal, s'imaginent que plus ils font de bruit plus ils ont de chances d'être écoutés de leur divinité.

Ce mode de prières au moyen d'une machine, cette profanation grossière de l'acte le plus spirituel, semblerait avoir atteint le plus haut degré de superstition en fait de cérémonies religieuses. En effet, si l'appareil est tenu en bon état, ce qui n'est pas difficile, tout cela s'exécute avec fort peu de travail humain et avec cette économie de temps et de pensées qui semble le grand but de notre siècle industriel et matérialiste. — Cependant les récits récents d'un voyageur nous apprennent qu'au Thibet on a perfectionné cet appareil en le faisant mouvoir par un courant d'eau. Il se nomme alors très justement un *moulin à prières*. — Dans la suite des temps le progrès des arts mécaniques amènera peut-être les Japonais à appliquer à cette machine la force plus efficace encore de la vapeur, à moins que, comme nous pouvons l'espérer, un changement vital ne soit survenu dans leurs idées et leurs sentiments religieux.

Il est presque effrayant de penser à un état d'ignorance et d'aveuglement assez profonds pour qu'on ait imaginé de remplacer ainsi l'acte le plus intime de la communion de l'âme avec son Dieu, et qu'on s'en contente. Dans son culte servile, ce peuple ne connaît rien des sentiments de confiance que l'Evangile nous inspire envers notre Père céleste; ce sont d'abjects débiteurs qui essayent de satisfaire aux exigences d'un maître impitoyable,

— Puissent-ils bientôt recevoir de meilleures nouvelles et transformer leurs temples, peuplés d'idoles, en sanctuaires où l'on adore le vrai Dieu!

Une question importante se présente naturellement à l'esprit du lecteur chrétien : comment faire parvenir aux Japonais la lumière du christianisme, et comment seront reçus ceux qui essayeront de le faire pénétrer dans ce pays païen?

Le chapelain de l'expédition, M. Jones, nous donne, dans le passage suivant, le résumé de ses observations et de ses réflexions à ce sujet :

« A part l'influence du gouvernement, qui s'y oppose de toutes ses forces, je ne crois pas, dit-il, qu'il y ait beaucoup de difficulté à faire accueillir l'Evangile parmi le peuple. J'ai présidé quatre services funèbres, à Yoku-Hama, Hakodadi et Simoda : un grand nombre de Japonais y ont assisté chaque fois, toujours avec une grande convenance; plusieurs officiers et magistrats étaient présents, revêtus de leurs insignes. Je suis ainsi devenu assez connu partout comme ministre chrétien ou, selon leur expression, comme un *homme qui prie;* et bien loin que ce titre les ait éloignés de moi, comme je le supposais, j'ai vu qu'il m'attirait au contraire leur respect et leur considération, parmi les chefs aussi bien que dans le bas peuple.

« Lors de notre dernière visite à Simoda, nous trouvâmes un nouveau gouverneur, et je lui fus présenté inopinément dans un bazar, par un des officiers, comme le ministre chrétien. La figure du gouverneur s'anima lorsqu'il entendit ainsi annoncer ma charge ; il me salua et me traita avec une courtoisie plus marquée. Je ne mentionne ce fait que pour ce qu'il vaut, et simplement comme une preuve que ma qualité de ministre de la religion proscrite ne semblait attirer sur moi aucune aversion. Le gouvernement cependant est jaloux de ses droits et se méfie du christianisme ; il a le catholicisme romain en grande haine, et jusqu'à ce qu'il ait bien compris la différence de ce que nous voulons enseigner, aucune forme du christianisme ne pourra s'établir au Japon. Il faut espérer toutefois que ce peuple si pénétrant, si observateur de tout ce qui l'approche, saura discerner au bout de quelque temps que notre culte et nos enseignements ne sont pas ceux des prêtres romains. »

Beaucoup de sagesse et de prudence seront nécessaires à ceux à qui sera confiée la noble mission d'annoncer l'Evangile de la grâce de Dieu à des esprits ainsi prévenus. La vie et l'exemple feront plus que les paroles ; il faudra leur montrer la religion du Christ réalisée en ceux qui leur parlent en son nom. C'est là, du reste, en tout temps, en tout lieu, la prédication efficace et qui gagne les cœurs.

Pour revenir à Hakodadi, ses habitants vivent pour la plupart de commerce et de pêche. Il se fait dans le port un grand mouvement de jonques. On exporte d'Hakodadi des cargaisons de poisson salé et séché, d'herbes marines, de charbon, de cornes de cerf, de bois et d'autres productions d'Yézo. —

Nippon, Sikok et Kiou-Siou envoient en échange
le riz, le sucre, le thé, les patates, le tabac, les
vêtements, les étoffes de soie, les porcelaines, les
objets de laque, la coutellerie, toutes choses qui
ne se trouvent pas à Yézo. — Les jonques mar-
chandes sont toutes de mêmes dimensions; on n'en
vit pas qui parussent destinées à la guerre, quoique
le port en contînt quelquefois plus de mille en
même temps.

Une grande partie de la population se consacre
à la pêche. Le poisson abonde dans ces eaux. Les
matelots américains jetèrent quelquefois le filet, et
le retirèrent toujours rempli d'excellent poisson :
saumons, truites saumonées, harengs, — à quoi il
faut ajouter des crabes et toute espèce de mollus-
ques. Les chasseurs qui se trouvaient parmi les
membres de l'expédition ne réussirent pas si bien :
ils ne purent obtenir que peu d'échantillons d'oiseaux et de quadrupèdes. Les cailles, les oies, les
canards sauvages sont abondants en leur saison,
mais on tue rarement un faisan. Entre autres oiseaux ordinaires, ils trouvèrent le courlis, le plu-
vier et la bécassine. De temps en temps on chasse
le cerf, l'ours ou le sanglier. Pour le renard, les
Japonais le croient possédé d'un mauvais esprit :
leurs légendes le représentent comme un agent
volontaire du diable; d'après cette croyance, le
pauvre animal est poursuivi à outrance et tué im-
pitoyablement.

A côté des habitants occupés de marine et de
pêche, on trouve cependant, à Hakodadi, des gens

Armes, vase à fleurs, vases de parfums (page 223).

de toute classe et de toute profession. — Au reste, ce que nous racontons de la vie japonaise observée d'une manière plus directe et plus détaillée dans cette portion du pays doit, en grande partie, être compris dans un sens plus général et recevoir une application plus étendue.

Les Japonais font preuve d'une grande dextérité dans tous les arts pratiques et mécaniques ; si l'on considère les outils grossiers dont ils sont réduits à se servir, et leur ignorance de l'usage des machines, leur adresse manuelle paraît merveilleuse. Leurs artisans sont aussi experts que ceux des autres nations ; avec un développement plus libre des facultés inventives, les Japonais ne tarderaient pas à se mettre au premier rang des nations manufacturières. Ils s'informent avec une grande ardeur des progrès industriels que font les peuples étrangers, et en adoptent promptement les résultats à leur usage ; sous un gouvernement plus libéral, ils sauraient bientôt, — on n'en peut pas douter, — se mettre au niveau des pays les plus favorisés sous ce rapport.

Les Américains admiraient particulièrement le talent des charpentiers dans la construction des maisons ; tout y est ajusté et fini avec une remarquable perfection : les fenêtres et les panneaux mobiles glissent dans leurs rainures avec la plus grande facilité. Mais le plan général des maisons et des bâtiments publics est par contre fort inférieur à l'exécution de détail. On sent que l'architecte est obligé de s'en tenir à des règles prescrites par le gouvernement : l'invention et le talent ne peuvent se faire jour que dans les détails, qui dénotent une grande pratique et beaucoup d'art. — Il en est de même des travaux de maçonnerie : toute hardiesse, toute liberté de conception y manque également ; mais les pierres sont bien taillées, les murs forts, réguliers et d'un style vraiment cyclopéen.

On travaille aussi le métal, soit pour des ornements, soit pour les choses d'utilité. Les Japonais entendent bien la fonte du fer, et la trempe de leur acier est bonne, comme le prouvent leurs lames de sabres, polies et affilées.

Quant aux étoffes tissées, le peuple ne connaît pas celles de laine ; aussi les habits de drap des Américains excitèrent-ils une vive curiosité. C'est d'étoffe de coton que s'habillent les classes inférieures ; ce sont des tissus grossiers, fabriqués ordinairement à la maison. Toutes les femmes japonaises sont plus ou moins habiles à manier la navette du tisserand, et les étrangers les virent souvent à l'œuvre, filant d'abord, puis tissant l'étoffe commune qui devait revêtir leur pauvre famille. Leurs calicots sont en général peints de dessins gracieux ; mais on ne connaît pas de procédé pour fixer les couleurs, de façon que tout s'efface à la première lessive. Leurs pièces d'étoffe, le calicot comme la soie et le crêpe, sont d'une même largeur, cinquante centimètres invariablement. Les soieries sont riches et lourdes, dans le genre de nos tissus de brocart, mais plus solides et moins souples. — Les dessins en sont souvent magnifiques et mêlés de fils d'or. Ces riches étoffes sont destinées aux costumes d'apparat des grands seigneurs et des hauts dignitaires, comme nous l'avons déjà vu. Elles se vendent fort cher, bien qu'un des officiers américains ait réussi à s'en procurer, à Hakodadi, une pièce qui ne lui coûtait que treize sous le mètre. — Les crêpes teints de diverses couleurs sont très flasques; ils sont employés surtout par les tapissiers japonais, qui en recouvrent les siéges, les divans, et en font des tentures et des rideaux pour les appartements.

Quand on juge du sentiment artistique des Japonais d'après les tableaux et les livres illustrés que se procurèrent les officiers de l'expédition, on est frappé du degré où est parvenu ce peuple remarquable. Ces peintures et ces illustrations semblent indiquer que l'art est chez eux dans une époque de transition. Les traits grossiers du caractère primitif semblent s'y fondre dans les naïfs commencements d'une nouvelle époque de culture. Ils rappellent les dessins à une seule teinte qu'on voit sur les vases étrusques. Ils ont une simplicité d'expression et une sobriété de coloris qui contrastent avec les tendances fastueuses du goût oriental. Les artistes japonais sont essentiellement de minutieux observateurs de la nature.

Une de ces œuvres d'art, offerte au commodore, est un ouvrage en deux volumes, écrit par le prince *Hayashi*, et traitant des *Particularités du cheval*. Le texte est illustré d'un grand nombre de gravures sur bois, d'un dessin libre et hardi, imprimées avec des teintes diverses pour distinguer chaque individu des différents groupes d'animaux. Ces dessins sont d'une telle touche, les chevaux surtout, qu'ils semblent avoir été esquissés du temps d'Albert Dürer, quoique la nature y soit plus rigoureusement copiée. Ils nous montrent une race de petite taille, aux membres finement formés, telle qu'on la trouve dans les pays du Sud. Ces chevaux sont représentés dans des attitudes variées, gambadant, caracolant, se roulant sur le gazon, toutes positions requérant une habileté à faire usage du raccourci qu'on n'est pas peu surpris de rencontrer dans l'art asiatique.

Un autre échantillon des beaux-arts japonais attira également l'attention des Américains. C'était encore une gravure sur bois imprimée en couleurs, et représentant une rangée des énormes lutteurs dont nous avons parlé. Il y avait dans cette illustration, — spécimen fort bien réussi d'un genre encore nouveau chez nous, — une exactitude et une largeur de trait à côté desquelles nombre de nos dessins pourraient paraître faibles et maniérés. — Quoiqu'il puisse manquer aux Japonais en fait de connaissance des vrais principes de l'art, on voit, au style, à la grâce de leurs dessins, qu'ils possèdent une facilité et une précision de touche vraiment remarquables. Un second tableau de lutteurs, dans un amphithéâtre, suffirait seul pour réfuter l'erreur d'après laquelle les Japonais ignoreraient les règles de la perspective.

M. Jones, le chapelain du *Mississipi*, eut l'occasion de juger de la rapidité et de l'habileté que les artistes japonais apportent dans leurs travaux. Il en fit venir un pour peindre un assortiment d'écrans, et le vit à l'œuvre. Le peintre ne faisait pas d'esquisse préalable, mais dessinait l'une après l'autre les diverses parties de son paysage de fantaisie, y plaçant maisons, vaisseaux, chevaux, arbres, oiseaux avec une étonnante facilité; il prenait même deux pinceaux à la main pour expédier plus lestement le feuillage de ses pins. Le résultat de cette méthode expéditive n'était pas un chef-d'œuvre, mais en tout cas il était supérieur à ce qu'on trouverait en ce genre dans les manufactures de nos contrées.

Quant au dessin linéaire, M. Jones cite encore un trait qu'il eut l'occasion d'observer. Lors du premier séjour de l'escadre au Japon, les machines à vapeur des steamers excitèrent au plus haut point l'intérêt des indigènes. Leur curiosité était insatiable, leurs artistes ne laissèrent échapper aucune occasion de dessiner quelques parties des machines, et de chercher à en comprendre la construction et le principe moteur.—A la seconde visite de l'escadre, M. Jones vit, entre les mains d'un Japonais, un dessin parfaitement correct de la machine à vapeur; les proportions en étaient exactes, les différentes parties chacune à sa place : on n'aurait pu faire mieux chez nous. L'artiste qui l'avait exécuté y tenait beaucoup, et ne voulait s'en dessaisir à aucun prix.

Les Américains trouvèrent aussi au bazar un livre d'enfants illustré, publié à Hakodadi, et qu'on se procure pour quelques pièces de monnaie chinoise. Cet humble abécédaire suggère bien des idées intéressantes. Il suffit d'en tourner le premier feuillet pour reconnaître encore que, différant en cela des Chinois, les Japonais entendent parfaitement la perspective. Il y a dans cette image un balcon qui présente son angle, et dont toutes les lignes s'accordent strictement avec les principes du dessin linéaire. — Sur une autre page apparaît une espèce d'hercule tartare ou de saint Patrick japonais, débarrassant le pays des reptiles et de la vermine ; le vaillant destructeur de ces ennemis du repos public brandit son épée de la manière la plus belliqueuse.

Dans une de ces illustrations on voit un vieux bonhomme de boutiquier, très drôle, avec des besicles sur le nez, faites exactement à l'image de celles qui sont en vogue de nos jours sous le nom de *pince-nez*. A côté de lui sont entassées une quantité de boîtes à thé. — Vient ensuite un globe de verre plein de poissons d'or, qui ont éveillé les instincts meurtriers d'un chat ; celui-ci guette attentivement leurs mouvements dans l'eau, avec une mine fort expressive.

Il y a encore une couple de porteurs de *norimonos* (sorte de palanquins en usage au Japon), qui ont déposé un moment leur charge, et se reposent en allumant leur pipe. — Vient enfin un professeur de phrénologie, semble-t-il, debout au milieu de tout l'attirail de son art, et prenant avec un compas la mesure de la tête chauve d'un de ses disciples.

Toutes les scènes de ce petit ouvrage font preuve d'une originalité de conception et d'une verve joyeuse fort au-dessus des bagatelles insignifiantes dont on remplit trop souvent nos livres de petits enfants.

Le culte des images, qui tient une si grande place dans la religion du Japon, offre un vaste champ à la sculpture ; aussi les statues de pierre, de bois et de métal abondent-elles dans les temples, dans les sanctuaires et même au bord des chemins. Il n'en est pas une cependant qui mérite le titre d'œuvre d'art ; l'exécution matérielle est seule digne d'attention. Quelques ciselures de bois surtout sont d'un travail exquis ; celles qui représentent des objets de la nature, tels que des animaux inférieurs et des plantes communes, sont souvent d'une vérité frappante. Les grues, les tortues et les poissons, sujets les plus fréquemment sculptés sur les entablements et les corniches des maisons et des temples, sont toujours remarquables par leur parfaite ressemblance.

A l'exception des temples et de quelques bâtiments qui, s'élevant un peu au-dessus des maisons environnantes, devaient attirer l'attention, les Américains ne virent aucun édifice, aucun monument qui pût leur donner haute opinion de l'architecture japonaise. — Les seuls spécimens un peu remarquables de cette branche de l'art sont des chaussées de pierre, et des ponts souvent d'une seule arche, hardie comme celles des Romains : le dessin et le travail en égalent nos structures les plus savantes et les plus artistiques.

Hakodadi et Simoda n'ont pas d'établissement d'imprimerie, mais on y trouve des livres dans les magasins. Ce sont en général des ouvrages élémentaires à bon marché, ou des romans et des contes populaires. Les livres sont très recherchés, car le peuple sait lire et se montre avide de connaissances.

Un certain degré d'instruction est répandu dans tout l'empire, les femmes mêmes participent au développement intellectuel des hommes. Bien différentes en cela des femmes de la Chine, les Japonaises, outre les talents et les occupations particulières à leur sexe, sont souvent très au courant de la littérature nationale.

Les gentlemen japonais, avec lesquels nos Américains se trouvèrent en rapport, ne s'en étaient pas tenus à la connaissance de leur pays natal, mais ils savaient quelque chose de l'histoire contemporaine des autres nations. Leurs questions révélaient parfois un degré supérieur d'instruction, relativement à leur position isolée. Ils l'expliquaient eux-mêmes par le fait que les Hollandais de Nagasaki recevaient tous les ans des revues politiques, littéraires et scientifiques, dont quelques-unes se traduisaient et étaient répandues dans tout l'empire. C'est ainsi qu'ils avaient appris quelque chose de nos chemins de fer, de nos télégraphes, de nos daguerréotypes, de nos canons Paixhans et des vaisseaux à vapeur ; mais ils n'avaient rien vu de tout cela avant l'arrivée du commodore Perry. Ils avaient été mis de la même façon en état de parler avec intelligence des guerres européennes, de la révolution américaine, de Washington et de Napoléon.

Tandis que les hommes des classes cultivées s'intéressaient ainsi à tout ce qu'ils voyaient, le peuple manifestait son ardente curiosité pour les plus petits détails du costume et de la personne des Américains chaque fois qu'ils descendaient à terre ; papier et pinceaux à la main, les Japonais prenaient soigneusement note des mots nouvellement acquis.

Les Japonais sont de forts travailleurs, mais ils se dédommagent souvent de ce labeur par des jours de liberté ; le soir et pendant les moments de loisir, ils se livrent à toute sorte de jeux et d'amusements. Un jour, M. Jones et l'un des chirurgiens, surpris dans les rues de Hakodadi par une grosse pluie, cherchèrent un abri dans une espèce de station militaire ou de corps de garde voisin. Là ils trouvèrent les soldats occupés à un jeu qui ressemblait beaucoup aux échecs. Le docteur, que cela intéressait, se mit à l'étudier et réussit, avec l'aide de l'interprète, à en saisir la marche. C'est le jeu favori des Japonais, qui l'appellent *Sho-Ye.* — Ils ont encore un jeu de cartes analogue aux nôtres ; ils le jouent avec des plaques d'os, de corne ou d'ivoire. Un autre jeu fréquent parmi eux, et pour lequel on se sert de billes noires et blanches, semble une espèce de loto, dans le genre de celui qu'aiment tant les petits bourgeois de Paris. — Mais ce qui fit plaisir aux Américains, comme un gai souvenir de l'enfance et un lien de sympathie entre des races si différentes, ce fut de voir les gamins, avec leur petite tête rasée, jouer à la balle dans les rues de Hakodadi. C'étaient les mêmes cris, les mêmes gestes, le même entrain que chez les bambins de Paris ou de New-York.

Les autorités de Hakodadi avaient mis à part, pour la consacrer aux Américains, une portion d'un ancien cimetière, dans une situation pittoresque, à quelque distance de la ville. Ils eurent à y déposer la dépouille mortelle de deux des leurs.— Tout à côté du cimetière se trouve un temple bouddhiste. L'enclos qui l'entoure est semé de blocs de pierre grossièrement taillés, destinés à représenter quelques divinités et couverts d'inscriptions religieuses; plusieurs machines à prières y sont aussi placées.

M. Jones eut l'occasion d'apprendre quelque chose de plus sur le culte bouddhiste. Il entra un jour dans un temple à l'heure de l'office. Il vit là un grand autel exactement semblable à celui d'une église catholique, avec une image dorée dans une niche, deux lampes allumées et de grands cierges brûlant au milieu d'une abondance de dorures et d'ornements. Il y avait aussi deux autels latéraux, également avec des cierges allumés. Devant le maître-autel, et séparés du reste des fidèles par

Intérieur d'un temple japonais (page 233).

une balustrade, cinq prêtres en grand costume of-
ficiaient à genoux. Celui qui paraissait le plus élevé
en dignité faisait retentir une cloche fort évasée,
tandis que les autres frappaient avec des baguettes
rembourrées sur des espèces de tambours en laque
qui rendaient un son lugubre. Ils battaient ainsi la
mesure et cadençaient leurs prières sur cette
étrange musique. Après avoir chanté, ils s'age-
nouillaient de nouveau et courbaient leur front
jusqu'à terre; ils se rendirent ensuite aux autels
secondaires, devant chacun desquels s'accomplit
une courte cérémonie.

Quand tout cela fut fini, un des prêtres s'approcha de M. Jones, et, désignant de la main une
image, il lui demanda comment on l'appelait en
Amérique. M. Jones répondit : « *Nai*, » nous ne
l'avons pas. Le prêtre fit la même question et les
étrangers la même réponse au sujet des autels. Un
des assistants demanda alors à M. Jones si les gens
ne priaient donc pas en Amérique. Le chapelain,
ayant fait un signe affirmatif, mit un genou en
terre, joignit les mains et, fermant les yeux, tourna
son visage vers le ciel pour leur faire comprendre
que la prière s'adresse là-haut. — Un Japonais
s'informant encore si c'était un être au ciel qu'in-
voquent les Américains : « Oui, répondit un de
ceux-ci, nous prions *Tien*. » C'est le nom de Dieu
dans le langage du pays.

VIII

Après ces quelques détails sur la vie sociale, intellectuelle et religieuse des Japonais, nous revenons à notre narration. L'escadre, que nous avons laissée à l'ancre dans le port de Hakodadi, devait, on s'en souvient, attendre, pour la pleine exécution du traité, que les ordres de l'empereur fussent parvenus aux autorités.

Pendant ce temps les Américains se rendaient fréquemment à terre, non sans avoir parfois maille à partir avec la police qui ne pouvait se résoudre à se défaire de ses habitudes de surveillance. Ces petits différends toutefois, qui se terminaient à l'amiable après quelques pourparlers, n'eurent en définitive d'autre résultat que de hâter l'établissement de la bonne harmonie entre les indigènes et leurs visiteurs.

Les Japonais, de leur côté, venaient souvent à bord des navires, et l'on se faisait un plaisir de leur montrer et de leur expliquer tout ce qui pouvait les intéresser. Rien ne captivait autant leur attention que les armes et tout ce qui a trait aux sciences militaires. Ils ont un goût prononcé pour toutes ces choses, bien qu'une paix deux fois séculaire ne leur ait pas fourni l'occasion de manifester, comme peuple, un caractère belliqueux. Ils se montraient particulièrement désireux d'étudier l'armement qui rendait leurs visiteurs si formidables. On eût dit que l'ouverture de ces nouvelles relations avec les peuples étrangers leur faisait sentir la nécessité de connaître et d'adopter les meilleurs moyens de se défendre et d'attaquer à leur tour. Il y aurait quelques tristes réflexions à faire là-dessus.

Les Américains leur procuraient volontiers et sans réserve tous les moyens de satisfaire leur curiosité qui se portait naturellement sur les points où ils se sentaient le plus faibles. Une telle manière d'agir était la mieux calculée pour achever de convaincre ces nouveaux alliés du but pacifique de l'expédition et des avantages qui devaient en résulter pour eux. Les Japonais le comprenaient et s'y montraient toujours sensibles.

Une communication faite au commodore à ce moment-là accrut encore la confiance qui s'établissait entre les représentants des deux nations. Connaissant les principes inhospitaliers du gouvernement à l'égard des étrangers, le commodore avait eu l'appréhension que les équipages de plusieurs vaisseaux naufragés dans ces parages, et qu'on supposait avoir pu atteindre les côtes du Japon, ne fussent retenus en captivité quelque part dans le pays. Il reçut l'assurance du contraire. On lui envoya, dressée avec l'exactitude japonaise, une liste de tous les vaisseaux échoués sur les côtes depuis 1847, avec l'indication de tous les hommes qui avaient pu gagner la terre ; on les avait tous expédiés à Nagasaki, d'où les vaisseaux marchands des Hollandais avaient dû les ramener dans leurs patries respectives.

L'arrivée des délégués impériaux se faisant attendre au delà de toute prévision, le commodore expédia une partie de son escadre à Simoda et Shanghaï, ne gardant avec lui que les quatre steamers ; il commençait à s'impatienter de ce retard lorsqu'un jour, le 1er juin, il reçut une missive signée par quelques hauts fonctionnaires du gouvernement. Ils disaient qu'en passant près de là, ils avaient appris par hasard que les vaisseaux américains se trouvaient encore à Hakodadi. Désireux de profiter de cette coïncidence, ils demandaient au commodore et à ses officiers la permission de leur faire une visite non officielle, ajoutant qu'ils pourraient peut-être leur rendre service dans le cas où quelque malentendu se serait élevé avec les autorités locales.

Tout cela n'était guère explicite ; mais ce qui paraissait clair, c'est que malgré toutes les assurances du contraire, cette visite se faisait bien par ordre du gouvernement.

Les Japonais, avec leur diplomatie ordinaire,

avaient jugé prudent d'user de ce subterfuge pour sonder le terrain, et s'assurer de la manière dont les Américains acceptaient le retard déloyal apporté à la mise en vigueur des articles du traité. On voulait les amener à attendre avec patience l'arrivée de la délégation impériale.

En réponse au message qu'il venait de recevoir, le commodore fit demander aux officiers japonais l'heure qu'ils choisissaient pour leur visite à bord du vaisseau commandant, afin d'envoyer une chaloupe pour les prendre à terre. Ils fixèrent une heure après midi.

Au moment indiqué, le lieutenant d'escadre se rendit à l'hôtel de ville et fit annoncer aux députés qu'il les attendait pour les conduire à bord. On répondit que ces messieurs étaient à déjeuner.

Une heure se passa, et le lieutenant s'exhortait à la patience lorsqu'il les vit enfin paraître. Mais au lieu de se diriger sur la chaloupe, les trois députés vinrent tranquillement s'asseoir devant le bâtiment de la douane, pour prendre leur thé et fumer leurs pipes à loisir.

L'officier américain leur rappela avec politesse qu'ils étaient attendus. Les dignitaires toutefois n'en tenant aucun compte, continuèrent à siroter leur thé avec tout le sang-froid imaginable. Il ressortait surabondamment de cette manière d'agir que le sentiment exagéré de leur propre importance leur faisait considérer non-seulement l'heure de la soirée, mais encore les lieutenants d'escadre, comme faits pour attendre leur bon plaisir.

Cette conduite était remarquable surtout chez un peuple si poli et si cérémonieux d'ordinaire.

L'officier leur fit alors observer que le bateau envoyé par le commodore était prêt à partir. Il serait charmé, leur dit-il, d'avoir leur compagnie, s'ils voulaient en profiter pour se rendre à bord ; sinon ils auraient à choisir un autre moyen de transport. Dans ce cas, l'heure indiquée étant depuis longtemps passée, il était même douteux que le commodore consentît à les recevoir.

Les Japonais répondirent, sans s'émouvoir et sans se presser, qu'ils attendaient encore un de leurs collègues.

Le lieutenant partit et rencontra, dans son trajet au rivage, un messager porteur de l'ordre de ne plus attendre.

À son retour à bord et sur le récit de ce qui s'était passé, on se prépara immédiatement à une descente à terre, qui devait démontrer qu'un tel procédé ne passerait pas inaperçu. Mais presque aussitôt on vit approcher les importants personnages japonais. Sommés d'expliquer leur retard, ils alléguèrent avoir été retenus par l'acquisition de quelques présents qu'ils désiraient offrir à l'ambassadeur des Etats-Unis. On les reçut comme s'ils disaient vrai. Introduits dans la cabine du commodore, où les attendait une collation, ils purent s'entretenir quelques moments avec les chefs de l'expédition.

On ne fut pas longtemps à s'apercevoir qu'ils n'avaient nulle autorité pour toucher la question difficile des limites assignées aux excursions des Américains dans l'intérieur du pays. Le commodore se décida donc à ne plus rien tenter à cet égard avant la conférence qui devait avoir lieu, à Simoda, avec les commissaires impériaux.

Le moment approchait de s'y rendre de nouveau.

Après une visite d'adieux faite en toute cérémonie et l'échange de beaucoup de politesses et de présents, l'escadre se remit en route pour Simoda. — Le plus volumineux des souvenirs emportés de Hakodadi était un bloc de granit, offert par les autorités, pour un monument à élever en l'honneur de Washington.

Le 7 juin, l'escadre mouillait à Simoda. — A peine à l'ancre le vaisseau commandant vit paraître une députation de quelques officiers japonais. Ils venaient souhaiter la bienvenue au commodore et l'informer que les commissaires d'Yeddo étaient également arrivés. Désireux, comme l'étaient les Américains, de ne pas traîner les choses en longueur, ils insistèrent pour qu'une entrevue eût lieu immédiatement. Dès le lendemain donc, le commodore descendit à terre avec son escorte, et fut reçu avec le cérémonial ordinaire par les délégués impériaux qui lui présentèrent deux nouveaux collègues.

Le grand commissaire annonça que la ville de Simoda venait d'être élevée au rang de cité impériale. *Izawa*, prince de *Mimasaki*, et *Tsudsuki*, en étaient nommés gouverneurs, avec l'ancien préfet

Kura-Kawa-Kahei et *Ise-Sin-to-Heiro*, pour vice-gouverneurs.

En conséquence de cette nouvelle organisation politique, la ville allait être entourée d'une ligne de fortifications. Ce projet, toutefois, était encore soumis à l'approbation du commodore. — Il restait bien entendu que les Américains auraient pleine liberté de circuler dans cette enceinte et d'en sortir, *en demandant une permission,* qui serait toujours accordée.

Le commodore répondit qu'il n'avait pas à se mêler des plans du gouvernement tant qu'ils n'étaient pas en opposition avec les clauses du traité. Ce document garantissait aux Américains le droit incontestable de parcourir le pays dans les limites de sept *li* ou *ri* [1].

Tout le reste pouvait être arrangé comme bon leur semblerait ; mais il se refusait absolument à ce que ses compatriotes eussent aucune permission à demander pour une liberté stipulée à l'avance, et dont ils s'étaient engagés à ne point abuser.

La discussion se porta alors sur les limites à prescrire dans les environs de Hakodadi. Il fallut y revenir à diverses reprises, et pendant plusieurs jours de suite, pour obtenir un arrangement satisfaisant. Les Japonais firent aussi une tentative pour l'admission d'un règlement qui interdît aux Américains de rester à terre, une fois le soleil couché. Mais peu à peu tout s'organisa cependant comme

[1] Mesure du pays ; le *ri* est d'environ 3 kilom. 1/2.

l'entendait le commodore. On détermina la valeur comparative des monnaies des deux pays; l'usage du chinois fut aboli pour les communications officielles; on convint de plusieurs lieux de débarquement pour les vaisseaux marchands et baleiniers; un règlement de chasse vint même protéger les animaux et les oiseaux du rivage. Douze articles supplémentaires furent ainsi ajoutés au traité conclu, qui se trouva complété.

Il y eut encore quelque difficulté à se procurer une bonne qualité de charbon, malgré l'engagement pris par les Japonais d'en fournir les vaisseaux. Le premier qui fut livré à l'escadre se trouva si mauvais que les chauffeurs ne purent l'employer. Plus tard on découvrit qu'il y en avait de meilleur dans le pays; fut-ce ignorance ou ruse de la part de ce peuple astucieux, c'est ce qu'il n'est pas facile d'éclaircir. Ils osaient prétendre d'abord ne pas savoir ce que c'était. Quand le navire américain, le *Preble*, s'était rendu à Nagasaki pour réclamer les matelots naufragés dont il a été question au commencement de ce récit, les Japonais, voyant le forgeron à son travail, avaient feint un grand étonnement. Il avait fallu leur donner, pour emporter chez eux, quelques morceaux de cette étonnante *pierre qui brûle.*

Le charbon de terre livré à l'escadre était taxé à un prix exorbitant : mais on promit de le réduire lorsque l'exploitation en serait devenue plus facile.

Les négociations ainsi terminées, le commodore

se disposa au départ. Il restait encore quelques comptes à régler avec les autorités au sujet de diverses fournitures, mais là s'élevèrent de nouvelles difficultés d'où résulta encore un délai. Les Japonais présentèrent, entre autres mémoires, celui d'une certaine quantité de petits mâts pour les navires. Ils avaient été commandés avant le départ pour Hakodadi, et il se trouvait que non-seulement le bois nécessaire n'avait pas été livré, mais que les arbres qui devaient le fournir n'étaient pas même abattus.

La même absence de bonne foi se manifesta dans le bazar, rouvert pendant quelques jours afin que les Américains pussent se procurer les objets de manufacture japonaise qu'ils désiraient emporter comme souvenirs. Les marchands avaient haussé leurs prix d'une manière si exorbitante que le commodore fut obligé d'en appeler aux autorités ; il ne manqua pas non plus de leur reprocher leur négligence, pour ne rien dire de plus, au sujet des matériaux. Après quelques discussions assez animées, les fonctionnaires japonais, prenant sur eux tout le blâme de ces actions, présentèrent des excuses, et la bonne intelligence se rétablit. A mesure même que le jour du départ approchait, les relations devenaient plus amicales et plus fréquentes. Des présents considérables furent échangés ; les petits chiens de rigueur n'y manquaient pas. Le commodore en reçut deux et en emmena trois autres destinés au président de l'Union.

A tout cela les commissaires ajoutèrent un bloc

de marbre pour le monument de Washington, désigné expressément comme un tribut du Japon à la mémoire du héros de la grande république transatlantique.

Tout était prêt enfin pour le départ. Le grand pavillon américain, indiquant la présence du chef de l'escadre, avait été transféré sur le *Mississipi*, et les steamers allaient se mettre en marche lorsque Yenoske se présenta pour une dernière visite d'adieux. Il était accompagné de quelques officiers et apportait encore plusieurs spécimens d'histoire naturelle comme dernier témoignage d'amitié.

Une conversation intéressante eut alors lieu dans la cabine, où les Japonais prirent part au repas des officiers américains. Ceux-ci montrèrent à Yenoske un tableau que quelques-uns d'entre eux avaient acheté à Simoda et qui représentait un homme crucifié. Le sujet de cette peinture amena quelques remarques sur les supplices et les peines capitales du Japon. Le commodore fut content de cette occasion d'obtenir enfin des détails exacts sur ce point, car quelques écrivains démentent l'assertion de Kaempfer, qui a parlé du crucifiement comme d'un mode d'exécution en usage au Japon.

Yenoske expliqua que le tableau en lui-même représentait simplement une scène d'une de leurs farces populaires ; mais il ajouta que les régicides étaient mis à mort à peu près de cette manière. Ils sont cloués d'abord sur une croix, puis on les perce d'une lance. Dans le dessin qu'ils avaient sous les yeux, l'homme était seulement *attaché* à la croix.

La décapitation cependant, ajouta Yenoske, est le mode habituel du châtiment des meurtriers; ils ne sont jamais étranglés ni pendus.

On lui demanda si la pratique du *Hara-kiri* était toujours d'un usage fréquent. Il assura que dernièrement encore un de ses collègues avait commis ce genre de suicide en sa présence à Nagasaki, et cita d'autres exemples récents de cette barbare coutume.

Le moment était venu pourtant de se séparer. Après avoir prolongé autant que possible cette dernière entrevue, les Japonais firent leurs adieux avec tous les témoignages d'un chaleureux attachement.

Le 28 juin 1854, l'escadre mit à la voile pour arriver à Napha, dans l'île de Liou-Kiou, après quatre jours de traversée.

Napha, on s'en souvient, était le troisième port concédé aux Américains par le gouvernement japonais. Il ne s'agissait plus que d'amener les autorités locales à des arrangements semblables à ceux qui avaient été conclus pour Simoda et Hakodadi.

Quelques troubles, malheureusement, avaient eu lieu pendant l'absence du commodore. Il s'était élevé plusieurs différends entre les habitants de Napha et les Américains qu'il avait laissés là. La plupart du temps les choses avaient pu s'arranger à l'amiable. Un seul cas, plus sérieux que les autres, exigeait une investigation rigoureuse.

Il s'agissait du meurtre d'un matelot de l'escadre,

tué à coups de pierres par les indigènes qui l'a-
vaient ensuite jeté à l'eau.

L'enquête prouva que la mort violente de ce
malheureux était le résultat de sa propre folie et
de son crime. Sans respect pour les ordres exprès
du commodore, qui avait répondu de la conduite de
ses hommes, celui-ci, en proie à un accès d'ivresse,
s'était introduit dans une maison particulière de
Napha, et avait maltraité grossièrement une femme
qui se trouvait là. Aux cris de celle-ci, les voisins
étaient accourus, et, dans le feu de leur indignation
et d'un désir de vengeance qui n'est que trop naturel, ils l'avaient assailli et poursuivi à coups de
pierres. C'est alors qu'il était tombé sans connaissance dans l'eau et qu'il y avait péri.

Les indigènes auteurs de ce meurtre furent exa-
minés et jugés par le régent. Il condamna le principal coupable au bannissement perpétuel, et les
autres à un temps plus ou moins long de la même
peine.

Quant à l'effet moral produit sur les indigènes
par un tel événement, on ne peut douter qu'il n'ait
été très fâcheux; il importe, avant tout, de relever
le christianisme à leurs yeux, en leur inspirant
respect et confiance pour ceux qui le professent.
Que pensent-ils à la vue de tels exemples? Il est
hors de doute que des faits de ce genre centuplent
à l'avance les difficultés que rencontreront plus tard
tous les efforts des missionnaires.

Aussitôt cette pénible affaire terminée, on s'oc-
cupa du principal objet de cette cinquième visite

de l'escadre. Deux officiers se rendirent auprès du régent pour lui soumettre l'ébauche du contrat qu'on lui proposait de signer.

Le préambule de ce document reconnaissait le royaume de Liou-Kiou pour un royaume indépendant. C'est à cela seulement qu'objecta le régent, sous prétexte qu'une semblable déclaration ne pouvait manquer d'amener des difficultés avec la Chine, celle-ci ayant un droit de souveraineté sur leurs îles. Quant aux différents articles du traité, il se montrait prêt à y souscrire et s'engageait volontiers à les maintenir. Il n'y eut rien de la politique tortueuse et embrouillée du Japon dans ces négociations. Les Lioukiouens, instruits de ce qui s'était passé au Japon, n'avaient plus de raisons pour ne pas se montrer simples et confiants dans leurs rapports avec les Américains. Le commodore ne montra donc aucune difficulté pour la signature du traité, qui eut lieu à terre avec toutes les formalités requises. Les présents d'usage furent offerts, au régent, au trésorier et aux principaux fonctionnaires de l'île; c'étaient des revolvers, des lorgnettes, un nécessaire de toilette et divers instruments d'agriculture. On n'oublia pas non plus la pauvre femme qui avait été l'objet des mauvais traitements du matelot assassiné; elle reçut un riche présent.

Tout était en règle maintenant. La convention signée accordait aux Américains liberté entière de parcourir le pays sans espionnage et sans surveillance. Elle leur garantissait un lieu de sépulture pour leurs morts. Aucune des demandes du commodore n'avait été écartée.

Pour célébrer l'heureuse terminaison des affaires, les autorités de Liou-Kiou invitèrent les Américains à un grand banquet, et la plus affectueuse cordialité caractérisa cette fête.

Le lendemain, le commodore vit arriver sur son vaisseau une grande cloche à son adresse. C'était le présent du régent. On ne sut pas si elle provenait des fonderies du pays, ou si elle était de manufacture japonaise. Quoiqu'il en fût, cette cloche n'offrait pas un spécimen désavantageux de ce genre de travail.

Cette fois encore on voulut contribuer au monument de Washington. De même que le Japon, Liou-Kiou envoya son bloc de pierre, qu'il disait être taillé en commémoration des hautes vertus de *ce très grand mandarin*, comme le nommaient les indigènes.

Pendant ce dernier séjour de l'escadre, les Américains eurent encore une preuve du désir ardent qu'éprouvent les Japonais d'échapper aux lois jalouses qui les enferment. Le vaste monde, au delà de leurs infranchissables rivages, a pour eux un inexprimable attrait.

Un Japonais, qui se trouvait à Napha pour affaires, ne put résister à la tentation. Un jour, on le vit arriver à la nage, près de l'un des navires. Il avait attaché sur sa tête un paquet de vêtements et demandait instamment à être reçu à bord et emmené aux États-Unis. Le commandant du vais-

seau ne put que l'adresser au commodore; et celui-ci, malgré tout son désir d'accéder à une telle
demande, se sentit obligé de s'y refuser. Il connaissait trop la répugnance des autorités à voir un
indigène quitter le royaume, et tenait scrupuleu-
sement à ne pas transgresser les lois nationales.

Le malencontreux voyageur fut donc, bien malgré lui, reconduit à terre. Les seuls Japonais
qui arrivèrent en Amérique furent quelques hommes d'un équipage naufragé sur les côtes de la Californie. Ils avaient été recueillis, en passant, par
un des navires de l'escadre, et l'intention du commodore était de les rendre à leur pays natal. Eux
cependant, qui connaissaient les peines terribles
auxquelles ils eussent été exposés en rentrant dans
leur patrie après un séjour en pays étranger, refusèrent absolument d'y retourner. Force fut donc
aux Américains de les garder avec eux et de les
ramener aux États-Unis.

N'est-il pas permis d'espérer que cet événement,
cette expatriation forcée, pourra être plus tard la
cause de beaucoup de bien, — non-seulement pour
les exilés eux-mêmes, mais pour leurs compatriotes
du Japon ?

Il est possible que, dans un avenir peut-être
très prochain, les lois de l'empire auront perdu de
leur sévérité ; et alors l'un ou l'autre de ces hommes pourra revenir au rivage natal, le cœur rempli
d'une foi nouvelle, plus noble et plus pure que
celle des ancêtres. Un des membres de cette petite troupe, jeune homme excessivement intelligent

et bien élevé, semble surtout désireux d'acquérir
toutes les connaissances, afin de s'employer plus
tard au bien de ses compatriotes. C'est lui peut-
être qui leur portera un jour les paroles bénies du
salut et leur redira l'histoire d'un Sauveur qui
souffre et meurt pour nous obtenir le ciel.

La soirée du 14 juillet fut consacrée à une fête à
bord que donna le commodore aux autorités de
Liou-Kiou. Tout s'y passa d'une manière agréable ;
et le 17, les derniers vaisseaux de l'escadre mirent
à la voile. Le port de Napha put rentrer alors dans
le calme dont il jouissait avant cette espèce d'invasion qu'y avait faite le monde occidental.

Le docteur Bettelheim, ayant été remplacé dans
ses fonctions par un autre missionnaire, M. More-
ton, profita du départ de l'escadre pour quitter
cette ingrate station. Les sentiments hostiles que
nourrissaient contre lui les indigènes rendaient
très faibles toutes chances de succès pour son mi-
nistère. Il faut espérer que son successeur sera
plus heureux sous ce rapport, et pourra faire davantage pour l'évangélisation de ce peuple si peu
sympathique aux enseignements chrétiens.

Le commodore Perry avait donc achevé son
œuvre. La mission que lui avait confiée son pays
se trouvait accomplie. Epuisé par toutes ces fatigues, malade depuis quelque temps, il commençait
à soupirer après le repos dont il avait si grand besoin. Il avait écrit au ministre de la marine américaine pour lui demander la permission de remettre le commandement de l'escadre à l'un de ses

officiers supérieurs, afin de retourner promptement chez lui. Arrivé à Hong-Kong, il trouva là les dépêches du gouvernement qui répondaient à ses demandes, lui laissant l'option du retour par le Cap ou par la route des Indes.

C'est cette voie qu'il choisit; remettant au capitaine Abbott le commandement de l'escadre, il s'embarqua sur le steamer anglais *l'Hindoustan*, et arriva à New-York le 12 janvier 1855, après une absence de deux ans et deux mois.

Le 23 avril suivant, le *Mississipi* atteignit le port de Brooklyn, qui est comme un faubourg de New-York et, le lendemain le commodore se rendit à bord pour abaisser en toutes formes son pavillon de commandement.

Ce fut l'acte final de l'expédition américaine au Japon.

IX

Ratification du traité à Washington. — Retour du capitaine Adams
à Simoda. — Tremblement de terre. — Naufrage de la *Diana*.—
Les Russes. — Le *Napoléon III*. — Signature du siogoun.— Premier voyage commercial à Hakodadi. — Séjour des familles américaines à Simoda. — Traité avec la Russie et l'Angleterre. —
Japonais emmenés aux Etats-Unis. — Lord Elgin à Yeddo
en 1858. — Le Japon ouvert.

Notre narration pourrait, à la rigueur, se terminer ici. Mais cette entreprise, qui ne comptera pas
parmi les moins importantes des temps modernes,
a, nous l'espérons, assez intéressé les lecteurs pour
leur faire désirer d'avoir encore quelques détails
sur ce qui s'est passé jusqu'à l'entière ratificatio
du traité.

Le capitaine Adams, on se le rappelle, avait été
dépêché en Amérique avec un double de ce document. Parti sur le *Saratoga*, le 4 avril 1854, il arrivait à Washington le 12 juillet suivant, ayant ainsi
franchi cette immense distance en moins de trois
mois et demi. Le traité, présenté au sénat par le
président, fut approuvé à l'unanimité, et, le
30 septembre, le commandant Adams repartait de

New-York, chargé d'en rapporter au Japon l'exemplaire ratifié.

Il arriva à Hong-Kong le 1er janvier 1855. Là le commodore Abbott mit immédiatement le *Powhattan* à sa disposition, et le 26 du même mois il atteignit Simoda, muni de pleins pouvoirs pour échanger avec les autorités japonaises toutes les signatures nécessaires au traité.

Au premier coup d'œil jeté sur Simoda, le commandant Adams fut frappé du grand et triste changement qui s'était opéré dans l'aspect physique du pays. C'est que, depuis son départ, toute cette partie des côtes avait été bouleversée par un tremblement de terre. L'événement datait d'un mois à peine ; il avait eu lieu le 23 décembre 1854.

La capitale s'en était ressentie faiblement ; mais la belle ville d'Oosaka, sur la côte sud-est de Nippon, était complétement détruite, et l'aspect dévasté de Simoda ne rendait que trop témoignage de la violence de la catastrophe. Toute cette partie du pays offrait un contraste affligeant avec les descriptions contenues dans la première partie de ce volume.

De tous les bâtiments qui composaient la ville, seize seulement étaient restés debout : c'étaient quelques temples et quelques édifices particuliers situés sur des points élevés ; tout ce qui se trouvait dans la plaine avait été renversé. Les habitants racontaient que les plus grands ravages n'avaient pas été causés par l'agitation immédiate du sol, mais par la commotion de la mer qui suivait chaque secousse. Il paraît, d'après leurs récits, que les eaux de la baie et du port avaient, au premier choc, été violemment agitées; puis elles s'étaient retirées rapidement jusqu'à ce que le fond du bassin, qui mesure ordinairement cinq brasses d'eau, fût laissé presque à découvert. Mais bientôt, revenant avec force, une lame énorme, s'élevant de cinq brasses au-dessus du niveau accoutumé, se précipita sur le rivage, inondant la ville jusque par-dessus les toits et entraînant tout sur son passage.

Les habitants épouvantés avaient cherché à se réfugier sur les hauteurs voisines; mais, avant d'en avoir atteint le sommet, ils furent surpris par les eaux grossissantes, et des centaines d'entre eux y perdirent la vie.

Cinq fois de suite la mer se retira et revint de cette manière, comme un torrent dévastateur, jonchant les rivages voisins de ruines et de débris des maisons renversées et des navires naufragés.

Une frégate russe, la *Diana*, se trouvait à l'ancre dans le port au moment du désastre. Ses officiers racontèrent au commandant Adams que, chaque fois que la mer se retirait, la vase remuée et bouillonnante s'élançait du fond en milliers de jets. Puis, quand les eaux revenaient, elle tourbillonnait comme une trombe avec une violence telle, que la frégate entraînée tourna quarante-trois fois sur elle-même dans l'espace de trente minutes.

Il n'y avait pas un homme à bord qui pût résister à ce mouvement terrible de rotation, et l'équipage entier était saisi de vertige.

L'ancre avait été jetée à une profondeur de six brasses. Dans les moments où le flot se retirait, on la voyait distinctement, et l'eau ne mesurait plus que quatre pieds aux côtés du navire. Le gouvernail, la poupe et une partie de la quille s'étaient brisés à ces rudes chocs ; le fond du bâtiment était également endommagé ; aussi, dès que les premiers effets du tremblement de terre se furent apaisés et que la mer fut devenue comparativement tranquille, on s'aperçut que la *Diana* faisait eau de toutes parts.

Les canons furent aussitôt transportés à terre, et comme il n'y avait pas à Simoda de place convenable pour les réparations nécessaires à la pauvre frégate, son commandant, l'amiral *Pontiatine*, envoya ses officiers à la recherche d'un autre port dans le voisinage. Ils trouvèrent à 80 kilomètres environ de là un havre excellent, bien abrité, dans le genre de celui de Hakodadi, mais beaucoup plus petit.

L'eau y était profonde, et ce fut là que l'amiral russe essaya d'amener son vaisseau presque disjoint. Mais la tentative était vaine : dès que le vent fraîchit, la frégate épuisée sombra près du rivage que les officiers et l'équipage n'atteignirent qu'avec grande peine.

Ils étaient tous au Japon à l'arrivée du commandant Adams, et ne voyaient guère alors la possibilité d'en sortir. Plus tard cependant, on put leur prêter une goëlette américaine, dont nous aurons occasion de parler, et qui les transporta à Petropaulowsky. En attendant, l'équipage naufragé se trouvait dans la détresse, et le capitaine du *Powhat-tan* partagea généreusement avec eux toutes les provisions qu'il avait à bord.

Le but du voyage de l'amiral russe au Japon avait été d'obtenir pour son gouvernement un traité analogue à celui qui venait d'être signé par les Etats-Unis. Il y réussit après la perte de son navire; le traité se conclut pendant le séjour des Américains et dans les mêmes termes que le leur, à la seule exception près que le port de Nagasaki fut substitué, pour les Russes, à celui de Napha.

Les Japonais cependant, malgré l'alliance conclue, étaient loin de témoigner le même bon vouloir à ces nouveaux alliés. — Ils ont toujours une arrière-pensée à l'endroit des intentions envahissantes du czar de toutes les Russies sur leur beau pays.

Dans le temps que le *Powhattan* stationnait à Simoda, un baleinier français, le *Napoléon III*, y arriva également et jeta l'ancre dans le port extérieur. Il avait à bord deux marins japonais qui avaient été recueillis trois ans auparavant par un baleinier américain, sur les débris d'une jonque naufragée. Les autorités ne voulurent pas entendre parler de les recevoir, et firent même enjoindre au bâtiment français de s'éloigner immédiatement. — Il ne fut pas même permis aux curieux indigènes de le visiter. Aucun traité n'existant avec la France, ses vaisseaux n'avaient pas le droit, disaient-ils, de jeter l'ancre dans les ports du Japon.

Grâce toutefois à l'intervention des officiers américains, les magistrats, après bien des difficultés, consentirent à permettre à leurs compatriotes naufragés le retour sur la terre natale. Mais il fallut pour cela qu'ils fussent transportés sur le *Powhattan* et remis par le commandant Adams lui-même aux représentants de leur gouvernement. Ces conditions acceptées, les deux Japonais passèrent une nuit à l'abri du pavillon américain et furent conduits à terre le lendemain, sous la même sauvegarde.

Arrivés là, ils eurent à quitter immédiatement leurs vêtements européens pour endosser le costume national et se conformer strictement à tous les usages japonais. Une surveillance rigoureuse ne cessa d'être exercée sur tous leurs mouvements aussi longtemps que les vaisseaux étrangers restèrent en vue des rivages.

Pendant ce temps les habitants de Simoda travaillaient à relever leur ville inondée. Ils ne s'étaient pas laissés abattre par les calamités qui avaient fondu sur eux, et faisaient leurs preuves de courage et d'énergie. Loin de rester les bras croisés, à pleurer sur leur infortune, ils s'étaient mis à l'œuvre en hommes de cœur, et les Américains les avaient trouvés déjà activement employés à déblayer le sol encombré. Sur les ruines de leurs demeures écrasées ils en construisaient maintenant de nouvelles. Les matériaux nécessaires leur arrivaient journellement de toutes parts, et au départ du *Powhattan* plus de trois cents maisons étaient achevées ou à peu près.

Quelques secousses de tremblement de terre se faisaient cependant sentir encore de temps à autre, assez fortes parfois pour faire songer à un renouvellement possible du récent désastre. L'effet en avait été assez curieux dans le port. Le fond du bassin avait été tellement lavé par la force des vagues, qu'il n'y restait que le roc nu, sur lequel l'ancre ne pouvait s'attacher. Le *Powhattan*, faute du fond nécessaire, glissait en avant sur ses trois ancres ; le vent soufflant avec violence, il fallut employer la vapeur pour le maintenir à distance des rescifs.

Quant à la population japonaise, elle se montrait plus sociable que lors du premier séjour des Américains et mieux disposée encore à leur égard. Ceux-ci visitaient tout le pays sans qu'on songeât à les inquiéter ; ils parcouraient les villages et les campagnes et recevaient partout la bienvenue. — Il n'était plus question d'espionnage : personne ne les suivait pour surveiller leurs mouvements.

Tous les magasins ayant été détruits et n'étant pas encore remplacés, on ouvrit un bazar dans un temple réparé à cet effet ; et bientôt il se trouva pourvu des plus riches marchandises venues d'Yeddo et des villes de l'intérieur. Ce n'était plus, comme l'année précédente, à titre de faveur que les Américains pouvaient faire leurs emplètes ; ils se voyaient maintenant appelés, pressés, importunés même par les marchands. Les habitants exprimaient un vif désir de voir bientôt les navires marchands de l'Amérique arriver dans leur port, et le gouverneur de la ville assura au commandant Adams qu'il serait personnellement charmé de la résidence d'un consul des Etats-Unis à Simoda. Ce gouverneur était un des commissaires qui avaient présidé à la signature du traité.

Les Japonais se montraient fort désireux d'obtenir des livres anglais ; ils demandaient surtout ceux qui traitent de médecine et de sujets scientifiques. Les officiers américains leur donnèrent plusieurs bons ouvrages sur ces matières.

En revanche, ils manifestaient une grande aversion pour toutes les publications religieuses. Le commandant Adams en eut une preuve regrettable. Le gouverneur de Simoda lui envoya un jour un paquet de livres religieux « qui, disait-il, avaient été laissés ici clandestinement et contrairement aux lois du pays, par Bittinger, l'un des chapelains de l'escadre du commodore Perry. »

Il demandait qu'on le débarrassât de ce malencontreux présent, et bien qu'à regret, le commandant dut y consentir.

Cet incident a quelque chose de significatif comme indice des sentiments du peuple japonais, ou tout au moins de ceux qui le conduisent, à l'égard de toute tentative pour faire pénétrer chez eux la religion chrétienne.

Outre l'éloignement naturel du cœur humain pour une foi si pure et un culte tout spirituel, nous trouvons là les traces d'une inimitié héréditaire et profondément enracinée. Inspiré à leurs ancêtres par la corruption grossière et les intrigues politiques des prêtres portugais d'il y a deux ou trois siècles, ce sentiment est toujours vivant, et il faudra un temps long encore pour en effacer l'impression déplorable.

Grande et sérieuse sera donc la responsabilité de ceux qui se chargeront de porter de nouveau le divin message à ces cœurs prévenus. Il n'aura jamais été plus nécessaire à ceux qui se présenteront comme les apôtres d'un royaume qui n'est pas de ce monde, de marcher sur les traces de leur maître : il faudra que leurs intentions ne puissent être soupçonnées ; ce n'est qu'à force de désintéressement, de charité et d'abnégation qu'ils peuvent espérer de vaincre les vieux préjugés et de faire prévaloir leur foi.

Espérons que lorsque le temps favorable sera venu pour le Japon, il se trouvera de ces hommes de dévouement qui consentiront avec joie à se dépenser pour l'évangélisation de ce peuple si longtemps isolé par sa faute !

Le commandant Adams trouva les Japonais bien accoutumés à manœuvrer la locomotive offerte par le président au Siogoun ; mais le télégraphe électrique était encore trop fort pour eux, disaient-ils.

Les officiers américains recevaient chaque jour des visites à bord ; le vice-gouverneur et les principaux fonctionnaires de la ville venaient comme de vieux amis. La plupart d'entre eux étaient en effet d'anciens commissaires, ayant été employés aux négociations de l'année précédente.

Les commissaires surtout s'informaient avec

grand intérêt du commodore Perry ; ils chargeaient ses compatriotes de beaucoup de messages d'amitié et de bon souvenir, et lui faisaient dire surtout que son nom vivrait toujours dans l'histoire du Japon.

Au moment toutefois d'échanger les ratifications du traité, les Japonais avaient fait deux objections. Ce n'était pas chez eux manque de bonne volonté à tenir leurs engagements, mais plutôt respect outré de l'étiquette et scrupule poussé jusqu'à la minutie pour l'interprétation des termes du contrat. Leur exemplaire du traité portait qu'il devait être ratifié *dans* dix-huit mois, tandis que celui des Américains disait *avant* dix-huit mois. Mais comme les traductions hollandaise et chinoise correspondaient avec l'original anglais, sur lequel se fondaient toutes ces versions, y compris la leur, les Japonais se convainquirent que la différence provenait seulement d'une erreur de leur traducteur. On la leur expliqua, et ils retirèrent alors gracieusement cette première objection.

L'autre se fondait sur ce que l'empereur ne pouvait apposer sa propre signature sur l'acte destiné à être remis au gouvernement américain. Celle du conseil suprême devait suffire, disaient-ils. Mais le commandant Adams leur représenta que le président de l'Union et le secrétaire d'état avaient signé le document qu'ils avaient entre les mains, et de plus que l'empereur étant directement et personnellement engagé dans le traité, une signature de sa main était particulièrement à désirer.

Ils cédèrent à la fin. L'empereur et son conseil

accomplirent cette dernière formalité, et, le 21 février, le traité en toutes formes fut remis au délégué des Etats-Unis.

Ce jour-là, le pavillon japonais fut arboré à l'avant du navire américain, qui salua cette heureuse conclusion par une salve de dix-sept coups de canon.

Le lendemain, le steamer quitta Simoda pour se diriger sur les Etats-Unis.

Les progrès de l'expédition dont nous venons de retracer les principaux événements, avaient été, comme on peut le penser, suivis avec un grand intérêt par les puissances européennes. Aussitôt donc que le succès des Américains fut connu, quelques-unes des nations occidentales cherchèrent à profiter de la brèche qui venait d'être faite à la muraille d'isolement derrière laquelle s'est si longtemps retranché ce peuple bizarre.

Nous avons fait allusion déjà aux promptes négociations des Russes à Simoda et à leur réussite. L'Angleterre ne pouvait rester en arrière. Le 7 septembre 1854, l'amiral *Stirling*, commandant de l'escadre britannique, arriva à Nagasaki et obtint les mêmes priviléges que les Etats-Unis.

L'empire du Soleil levant est donc ouvert désormais aux grandes nations d'occident, car il n'est pas à présumer que des gouvernements éclairés puissent jamais reculer, ou laisser perdre ce qui vient d'être obtenu, avec tant d'efforts, après des siècles de tentatives vaines.

Il incombe à ces peuples chrétiens de convaincre les Japonais que ces relations doivent leur être avantageuses de toutes manières. A mesure que les préjugés si profondément enracinés s'affaibliront, au contact d'une civilisation supérieure, on peut espérer que des rapports plus libéraux et plus complets s'établiront aussi, et serviront non-seulement au bénéfice commercial des puissances maritimes de l'Europe autant qu'à celui du Japon, mais encore au progrès et au développement de l'humanité toute entière.

Si ce vaste empire pouvait jamais retomber dans son état anormal d'isolement, ce serait une espèce de démenti donné à l'esprit moderne, qui fait une si large part à la fraternité des peuples. A l'heure donc où cette nation puissante entre comme une jeune sœur dans le vaste cercle de la famille humaine, il faut que les aînées la prennent par la main, et dirigent ses pas, incertains encore, jusqu'à ce qu'elle soit en état de marcher seule et sous sa propre responsabilité.

Quelques détails nous sont parvenus encore, et nous ne voulons pas passer sous silence le résultat du premier voyage à Hakodadi, entrepris sur la foi du traité.

Le 13 février 1855, la goëlette américaine *Foote* mit à la voile pour le Japon, avec une cargaison de toute espèce de fournitures à l'usage des navires,

Le but du voyage était d'établir à Hakodadi un dépôt pour les baleiniers américains, afin qu'ils pussent y passer la mauvaise saison. Deux négociants des États-Unis, avec leurs femmes et leurs enfants, étaient au nombre des passagers. Arrivés au printemps à Simoda, où se trouvaient encore les naufragés russes, ils comptaient passer là le temps qui devait s'écouler, d'après les termes du traité, jusqu'à l'ouverture du port d'Hakodadi.

Dès que le vaisseau parut en vue de la ville dévastée, une foule de bateaux garde-côtes se pressèrent autour de lui, et de toutes parts on manifestait un grand désir de voir les dames américaines. Quant aux Russes qui attendaient depuis si longtemps avec impatience l'occasion de quitter Simoda, ils s'empressèrent de faire au propriétaire de la goëlette des propositions que celui-ci accepta ; le navire fut mis à leur disposition pour les transporter à Petropaulowsky.

Il fallut, en conséquence, décharger à Simoda une bonne partie de la cargaison et y laisser aussi tous les passagers. Les deux familles de MM. *Reed* et *Doty* reçurent pour résidence un des temples mentionnés dans le traité, et où les charpentiers furent mis à l'œuvre immédiatement ; il fallait quelques arrangements avant d'en faire une habitation convenable pour trois dames et plusieurs enfants. La curiosité excitée par les nouveaux arrivés était telle, que, pour les préserver de toute indiscrétion de la part des habitants, les autorités eurent soin de placer à leur porte une garde et quatre officiers qui se relevaient de temps en temps.

Ce logement, si bien gardé de nuit et de jour, était loin cependant d'être une prison pour les Américains. Ils faisaient de tous côtés des excursions dans la contrée. M. Reed raconte que, dans leurs promenades de touristes, attirés par les points de vue charmants qui se succédaient d'un moment à l'autre, ils se laissaient entraîner beaucoup plus loin qu'ils n'en avaient d'abord eu l'intention. Souvent, partis pour une simple course du matin, ils allaient si loin qu'il leur devenait impossible de rentrer avant la nuit. La variété des aspects, le charme de cette riche nature ne peuvent se décrire ; on ne pouvait résister au désir d'avancer toujours plus dans ce pays, si beau sous son radieux soleil.

Ces courses et ces plaisirs champêtres ne furent pas une seule fois troublés par les natifs, pendant les deux mois et demi que dura le séjour des Américains à Simoda.

M. Reed profita en outre de ce temps pour se procurer une cargaison de produits japonais qui se vendirent plus tard à San-Francisco avec un grand bénéfice. Au retour de la goëlette, la petite colonie se transporta à Hakodadi. MM. Reed et Doty avaient l'intention de s'y établir d'une manière permanente, mais les autorités s'opposèrent à ce projet. Elles consentaient volontiers à un séjour prolongé, fût-il de plusieurs mois, mais il ne fallait pas songer à se fixer définitivement dans leur ville.

Au reste, le gouvernement américain donna plus tard raison à cette manière d'interpréter la convention arrêtée entre les deux nations.

Des nouvelles plus récentes font connaître encore plus d'un pas fait en avant dans les voies libérales par le souverain du Japon.

Le 11 décembre 1856, deux vaisseaux anglais, après avoir visité Simoda et Hakodadi, se présentèrent devant Nagasaki. On leur refusa l'entrée du port. Ce fait équivalait à une violation du traité signé l'année précédente; les steamers, forçant hardiment la consigne, entrèrent à toute vapeur et vinrent mettre à l'ancre en face des fortifications de la ville. On ne leur opposa cependant pas de résistance.

Le lendemain les deux commandants descendirent à terre et se dirigèrent vers la demeure du gouverneur, à la tête d'une escorte nombreuse. Le fier mandarin refusa de les recevoir et leur fit dire d'adresser leurs communications à l'empereur, dans la capitale. Une lettre fut donc envoyée à Yeddo ; le siogoun la reçut favorablement et y répondit par un édit qui déclarait les trois ports de Simoda, Hakodadi et Nagasaki, ouverts désormais à tous vaisseaux portant pavillon anglais, français, russe ou américain.

Deux ans plus tard, toutes ces concessions devaient paraître chose peu importante à côté de ce qu'obtint le plénipotentiaire anglais en Chine, *lord Elgin*. Il voulut visiter l'archipel japonais dans l'été de 1858, et se chargea de présenter au *siogoun* un yacht à vapeur que lui envoyait la reine d'Angleterre, en reconnaissance du traité concédé en 1854.

Arrivé à Simoda, il se mit en rapport avec le consul général des États-Unis, et ce fut à bord d'un steamer américain qu'il s'avança dans la baie d'Yeddo. La petite flotte, composée de six navires, se trouva bientôt à l'ancre en vue de la capitale ; quelques officiers japonais de haut rang se présentèrent aussitôt et invitèrent lord Elgin à prendre sa résidence sur le rivage, où les communications seraient plus faciles. Un temple bouddhiste, arrangé à cet effet, était mis à la disposition du plénipotentiaire britannique, et deux semaines s'étaient à peine écoulées qu'un nouveau traité se trouvait conclu et signé, laissant bien en arrière ce qui s'était fait auparavant.

Les Français, les Américains, les Russes et les Hollandais obtinrent bientôt après les mêmes priviléges.

On décida l'établissement d'agents consulaires dans tous les ports des nations contractantes. La résidence des ambassadeurs étrangers fut autorisée à Yeddo, où lord Elgin avait été reçu pendant toute la durée des négociations. Les voyages dans l'intérieur du pays ne seraient plus interdits aux étrangers, auxquels on permettait le libre exercice de leur religion, et même l'érection de quelques lieux de culte.

Tout cela cependant doit se faire graduellement.

Les ports s'ouvrent l'un après l'autre. Celui de

Nee-a-Gata, sur la côte orientale de Nippon, sera libre le 1er janvier 1860; celui de *Wiago*, trois ans plus tard seulement. Dès le 1er janvier 1862, il sera permis de résider à Yeddo même, dont les compagnons de lord Elgin font les descriptions les plus attrayantes. Peut-être ont-ils vu un peu trop en beau le caractère des habitants; on ne peut pas émettre le même doute à l'égard de ce qu'ils disent de la capitale et de ses environs.

« Yeddo, écrivait l'un d'entre eux, est sans contredit une des plus belles villes du monde. Les habitations des princes et des nobles y sont de vrais palais; quelques-unes même sont de dimension à recevoir une suite de dix mille personnes. »

Le palais seul du souverain, édifice d'architecture cyclopéenne, peut contenir quarante mille hommes dans son enceinte. La population de Yeddo passe pour égaler celle de Londres, et la ville couvre un espace de terrain bien plus considérable, les maisons n'ayant, en général, qu'un étage, et les jardins étant fort nombreux.

« Je n'ai vu nulle part en Europe, écrit ce même correspondant, plus de grandeur, de bon ordre, de perfection en toutes choses. Une excursion dans la campagne nous a montré les moindres chaumières entourées de leur petit jardin et de haies bien soignées, et les propriétés particulières des grands ne le cédant en rien, dans leur genre, aux résidences de campagne de notre aristocratie. »

Il ne nous reste plus qu'un mot à dire sur les Japonais transportés en Amérique par l'escadre du commodore Perry. Le rapport de deux professeurs connus, inséré dans un journal de New-York, racontait que l'un des exilés — un jeune homme nommé *Seuthard* — était à l'université, suivant un cours d'études sérieuses, qui le mettait en état de retourner un jour dans son pays comme missionnaire chrétien. Bien qu'il ne donnât pas encore toutes les preuves d'une vraie conversion de cœur, il avait formellement abjuré le paganisme et se consacrait à une étude approfondie des vérités qui peuvent faire de lui, au milieu de ses compatriotes, un instrument de grandes bénédictions.

Une autre nouvelle de bon augure est l'avis reçu de Shanghaï que l'interprète chinois à la cour du Japon vient d'y faire demander quelques ouvrages sur les doctrines du christianisme, pour l'étude spéciale de deux des principaux seigneurs et du *siogoun* lui-même. Puisse la semence ainsi répandue produire des fruits bénis! Puisse la vraie lumière dissiper bientôt les ténèbres morales où sont enveloppés jusqu'ici les habitants du vaste empire des Sources du Soleil!

Les nouvelles les plus récentes qu'on ait reçues du Japon, à la date où nous traçons ces lignes (décembre 1859), nous montrent ce vaste empire s'ouvrant de plus en plus à la civilisation. Le siogoun est entré résolûment dans la voie du progrès ; il a adopté un grand nombre d'inventions européennes. Par un décret récent, il fait construire une flottille de bâtiments à vapeur, et il se trouve que, comme nous l'avons prévu, les Japonais excellent dans les arts mécaniques et y égaleront bientôt les peuples européens. Un chemin de fer doit également relier Yeddo aux villes principales de l'empire, et l'armée sera reconstituée d'après les principes des nations civilisées.

Ces faits seuls montrent d'une manière évidente que s'ils sont restés jusqu'à nos jours en dehors de tout contact avec le reste du monde, les Japonais n'en sont pas moins un peuple intelligent, énergique et bien supérieur à leurs voisins les Chinois. Ce qui leur manque encore, c'est le sentiment de la dignité morale ; nous n'avons signalé dans cet ouvrage que trop de traits d'astuce et de honteuse servilité. Le christianisme seul pourra retremper leur conscience et faire d'eux une grande nation appelée à exercer peut-être une immense influence sur les destinées de l'Asie.

FIN.

EXTRAIT DE MARCO POLO

VOYAGEUR VÉNITIEN

TREIZIÈME SIÈCLE. — 1269-1295

DE L'ILE DE CYPINGU.

Cypingu est une île au levant, éloignée de terre dans la
haute mer de bien mille cinq cents milles. Elle est moult
grande. Les naturels sont blancs et beaux. Ils sont idolâtres
indépendants, ne relevant de personne que d'eux-mêmes.
Ils ont de l'or en grandissime abondance, car on en trouve
chez eux outre mesure, et personne n'en tire de cette île,
parce que les marchands n'y abondent pas de la terre ferme,
et c'est pour cela qu'il y en a une si grande quantité. Je
veux vous décrire le merveilleux palais du seigneur de cette
ville. Sachez donc qu'il est tout couvert d'or fin, comme
nous couvrons de plomb nos maisons et nos églises, et tout
cet or a une valeur telle que je ne saurais vous le dire. Le
pavé des chambres, qui sont très nombreuses, est aussi d'or
fin, et épais bien de deux doigts. Toutes les autres parties du
palais, la salle et les fenêtres, sont aussi ornées d'or. Ce palais est d'une telle richesse, que nul n'en pourrait apprécier
la valeur. On trouve aussi en ce pays des perles en abondance ; elles sont rouges, moult belles, rondes et grosses.

Elles ont la même valeur que les blanches. On y recueille aussi beaucoup d'autres pierres précieuses. Comme on vantait la grande richesse de cette île au grand khan, qui était alors Cublai[1], il résolut de la prendre. Il y envoya donc deux de ses barons, avec une grandissime quantité de vaisseaux chargés d'hommes à pied et à cheval. L'un de ces barons avait nom Abatan et l'autre Vonsanicin ; ils étaient tous deux sages et vaillants. Et, que vous dirai-je? ils partirent de Zaiton et de Quinsai, prirent la mer et abordèrent en cette île. Ils s'emparèrent de maints hameaux, mais ils n'avaient encore pu prendre ni ville ni châteaux, lorsqu'il arriva un malheur que je vais vous raconter. Ces deux barons étaient très envieux l'un de l'autre et ne faisaient rien pour s'entr'aider ; or, un jour que le vent du nord soufflait très violemment, ceux de l'armée, épouvantés, s'écrièrent que s'ils ne partaient point, tous leurs vaisseaux allaient se briser. Ils montent donc tous sur leurs navires, quittent l'île et se mettent en mer ; mais à peine étaient-ils à quatre milles qu'ils trouvèrent une autre île assez petite, et ceux qui purent doubler l'île continuèrent leur route ; mais les autres échouèrent, et ils se regardaient comme morts et étaient désolés de ne pouvoir s'en aller, car ils voyaient les autres navires poursuivre leur chemin vers leur pays, où ils arrivèrent bientôt. Nous les laisserons et reviendrons à ceux qui étaient restés dans l'île, et qui étaient bien au nombre de trente mille.

COMMENT LES GENS DU GRAND KHAN ÉCHAPPENT A LA TEMPÊTE ET PRENNENT LA VILLE DE LORK.

Ces trente mille hommes sauvés dans l'île se regardaient comme morts, car ils ne savaient comment en sortir. Ils avaient grande colère et grande douleur, ne sachant que de-

---

[1] Cublai-Khan, grand khan des Tartares et empereur de Chine, était petit-fils de Gengis-Khan. Il résidait au Catai, c'est-à-dire dans la Chine septentrionale.

venir. Quand le seigneur et les gens de la grande île virent
que l'armée était détruite et dispersée, et surent qu'il s'en
était échappé plusieurs dans l'autre île, ils en eurent grande
joie et grand liesse, et dès que la mer fut redevenue calme
et paisible, ils montèrent sur leurs navires et allèrent aborder en cette île pour prendre à leur tour leurs ennemis.
Quand ceux-ci les virent débarqués et qu'ils connurent que
les vaisseaux étaient restés sans personne pour les garder,
en sages hommes qu'ils étaient, ils font le tour de l'île, et
si promptement qu'ils arrivèrent aux navires de leurs ennemis et montèrent dessus, puis partirent de cette île et navi-
guèrent vers l'autre. Ils descendirent à terre avec l'enseigne
et le drapeau du sire de l'île, et s'en allèrent tout droit à la capitale. Les autres voyant leur enseigne, crurent que c'étaient
les leurs et les laissèrent entrer dans la ville. Ils n'y trouvèrent que des vieillards, là prirent et en chassèrent tous
les habitants, hormis quelques belles femmes qu'ils gardèrent pour leur service. Ils prirent donc ainsi cette ville pour
le grand khan. Et quand le seigneur et les habitants de l'île
virent qu'ils avaient perdu leur ville, ils pensèrent en mourir
de douleur. Ils retournent avec d'autres vaisseaux à leur île
et viennent assiéger la cité, de sorte que personne ne pouvait y entrer ni en sortir sans leur volonté. Et que vous
dirai-je? les gens du khan tinrent bon pendant sept mois,
essayant jour et nuit de s'évader pour faire savoir au grand
khan leur position; mais ils ne le purent faire. Ce que
voyant, ils font un traité avec leurs ennemis et se rendent à
condition d'avoir la vie sauve, ce qui arriva vers l'an 1269
de l'incarnation du Christ. Cette affaire se termina ainsi : le
grand khan fit trancher la tête à l'un des barons qui avaient
commandé cette expédition, et envoya l'autre dans l'île où
tant des siens avaient péri, et ordonna qu'on le mît à mort,
ce qu'il fit parce qu'il avait appris qu'ils s'étaient mal conduits en cette occasion.

Je veux encore vous dire une moult grande nouvelle. Ces
deux barons prirent en cette île plusieurs hommes dans un
village, et, comme ils n'avaient pas voulu se rendre, ils

commandèrent de leur faire trancher la tête, ce qui fut exécuté ; mais il y en eut huit que le fer ne pouvait couper, par la vertu de pierres qu'ils avaient en leurs bras entre la chair et la peau, car ces pierres avaient le pouvoir de les rendre invulnérables contre le fer. Les barons, ayant su cela, les firent assommer à coups de massue, dont ils moururent promptement, puis firent retirer de leurs bras ces pierres, qu'ils gardèrent précieusement.

Telle est l'histoire de la déconfiture des gens du grand khan. Maintenant, nous irons plus avant.

DES DIFFÉRENTES SORTES D'IDOLES.

Les idoles du Cathay et du Mangi et celles de cette île sont toutes semblables. Les naturels de ces pays adorent des têtes de bœuf, ou de porc, ou de chien, ou de mouton, ou diverses autres idoles : telle a quatre visages, telle autre trois, un comme il doit être, les deux autres sur chaque épaule ; telle autre a quatre mains ; telle autre dix et même jusqu'à mille, et même ce sont les meilleures et les plus vénérées. Les chrétiens leur demandaient pourquoi ils faisaient des idoles de tant de sortes : « Nos ancêtres, répondirent-ils, nous les ont laissées ainsi, et nous, nous les laisserons telles à nos enfants et à ceux qui viendront après nous. » Les faits de ces idolâtres sont si divers et si diaboliques que nous ne les raconterons pas dans ce livre, parce que ce serait mauvaise chose à ouïr pour des chrétiens : nous vous dirons seulement que lorsque les idolâtres de cette île prennent quelque homme qui n'est pas de leurs amis et qui ne peut se racheter par de l'argent, ils convient tous leurs parents et leurs amis, et leur disent : « Venez manger avec nous dans notre maison. » Puis ils tuent leur prisonnier et le mangent après l'avoir fait cuire, et c'est pour eux le meilleur mets. — Mais nous laisserons cela et retournerons à notre sujet.

Cette mer où est située cette île s'appelle la mer de Cin[1],

[1] Cina, Chine.

c'est-à-dire la mer qui entoure le Mangi[1], car dans le langage
des îles, ils appellent le Mangi Cin, ce qui veut dire levant.
Selon les sages pêcheurs et les plus habiles mariniers, il y a
dans cette mer sept mille quatre cent quarante-huit îles, la
plupart habitées. Dans toutes ces îles, il ne vient aucun arbre
qui ne soit un arbre de senteur et qui ne soit d'une aussi
grande utilité que le bois d'aloès ou même d'une plus grande :
on y récolte aussi maintes épices précieuses et du poivre
blanc comme de la neige et aussi du noir en grande abondance.
C'est prodigieux la quantité d'or et d'autres choses précieuses
qu'on y trouve ; mais ces îles sont si éloignées qu'il faut bien
un an pour s'y rendre. Quand les vaisseaux de Zaiton et de
Quinsai y vont, ils reviennent avec de grands profits, mais
leur voyage dure un an. Ils vont l'hiver et reviennent l'été,
car le vent ne change que deux fois ; l'hiver, il souffle vers
ces îles, et l'été vers le continent. Cette contrée est aussi très
éloignée de l'Inde. — Quoique cette mer s'appelle la mer de
Cin, elle fait partie de la mer Océan ; mais comme l'on dit
chez nous la mer d'Angleterre ou la mer de La Rochelle,
de même là-bas l'on dit la mer de Cin et la mer de l'Inde,
et d'autres mers qui toutes font partie de la mer océane. Je
ne vous parlerai plus désormais de ces contrées, ni de ces
îles, parce qu'elles sont trop éloignées et que nous n'y avons
point été : le grand khan n'a pas de relations avec elles et
n'en perçoit pas de tribut.

[1] Chine méridionale.

YEDDO. — Un voyageur à Yeddo écrit au *Daily-News* les quelques lignes suivantes, pour lui faire connaître la première impression que produit sur l'étranger cette mystérieuse ville d'Yeddo, espèce de cité féodale défendue par d'épaisses murailles flanquées de bastions, et dans l'enceinte de laquelle se presse une population plus nombreuse qu'aucune de celles de nos villes d'Europe, une population de deux à trois millions d'âmes.

C'est, dit le correspondant, un autre Londres qui demande une année pour être connu, et un jour pour être traversé d'une extrémité à l'autre extrémité. Largement étalée le long de la face occidentale de la baie, montant par une pente douce, la ville s'élève en amphithéâtre sur les collines avoisinant la mer. Les maisons élevées seulement d'un étage surmonté d'une sorte de guérite, à demi cachées dans le feuillage des arbres, donnent à la ville un air de civilisation qui diffère cependant tout à fait de celui des villes européennes. Il n'y a aucune trace d'architecture ou d'édifice public, annonçant qu'on est chez un peuple avancé dans l'art de la vie et de la civilisation. La cause en est dans les tremblements de terre qui sont si fréquents dans ces contrées. Il n'y a de hautes et solides murailles qu'au bord du fossé, qni sert de défense de la ville. Ces murs, qui s'élèvent à trente ou quarante pieds, sont formés de grands blocs de granit curieusement enchâssés les uns dans les autres. Par la singularité de la maçonnerie et par son épaisseur, il semble que de telles murailles doivent résister même aux tremblements de terre. Mais toute autre muraille dans la ville est bâtie en traverses de bois fortement agencées, reliées entre elles par des cloisons de bambou et n'ayant jamais plus de deux étages; encore à peine peut-on appeler étage la soupente qu'éclaire la croisée pratiquée dans la guérite caractérisque d'Yeddo. Mais c'est un mode de construction qui a l'avantage de résister admirablement aux secousses terrestres. Même à présent, depuis que j'écris, toute la maison et la terre sous mes pieds ont tremblé plusieurs fois ; cependant la solidité de la construction n'a été aucunement ébranlée, les habitants n'ont pas craint pour leur sûreté pendant un seul instant. Si l'on se préoccupait outre mesure des tremblements de terre, il ne resterait personne dans Yeddo, et, nous l'avons dit, cette ville a deux ou trois millions d'habitants.

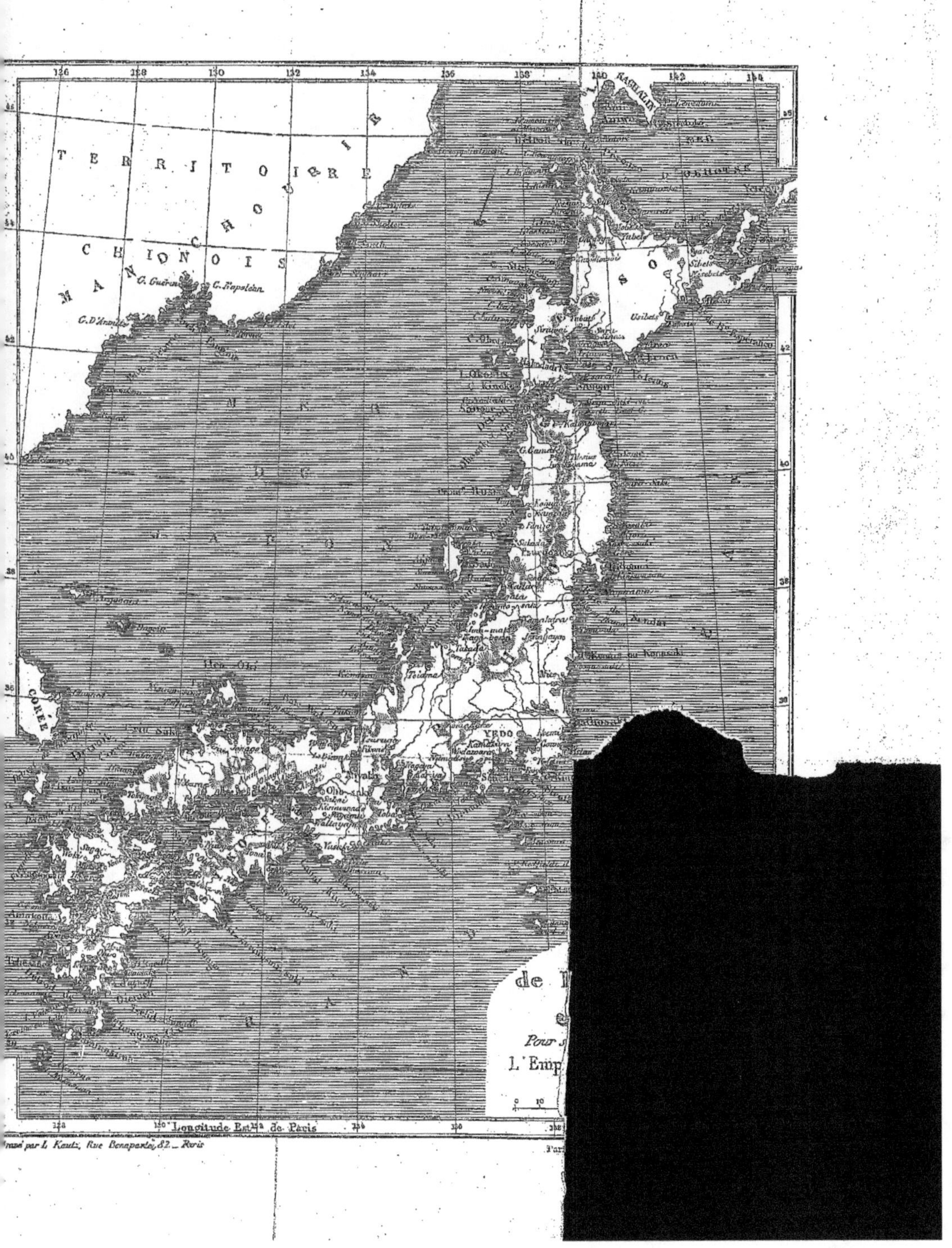

TERRITOIRE
MANDCHOU CHINOIS
C. Guérin
G. Napoléon
G. D'Anville
CORÉE
Saghalien
MER D'OKHOTSK
YESSO
Hakodadi
YEDO
Longitude Est de Paris
Imprimé par L. Kaulz, Rue Bonaparte, 82 — Paris

TABLE DES MATIÈRES

NOUVELLE BIBLIOTHÈQUE DES FAMILLES

L'Empire des sources du soleil fait partie d'une collection fondée en 1858, sous le titre de *Nouvelle bibliothèque des familles,* et dirigée par M. Eug. Bersier.

Le but de cette création est de fournir aux familles et à la jeunesse en particulier, une série d'ouvrages intéressants, qui puissent servir de lecture en commun.

Ce n'est pas que les ouvrages manquent à notre époque; jamais on n'en a tant publié. Mais dans cette abondance même le choix devient difficile. Les mauvais livres sont plus nombreux que les bons. Un père, une mère doivent savoir ce qui se lit chez eux; souvent ils n'ont pas le loisir de s'en informer par eux-mêmes. C'est pour eux un grand avantage de pouvoir s'adresser avec confiance à un comité de publication comme le nôtre, qui leur offre à cet égard toutes les garanties qu'ils peuvent demander.

La même observation s'applique aux maisons d'éducation et aux colléges; aussi n'avons-nous point été surpris de voir ces établissements nous demander un nombre considérable de nos premières publications.

On a compris notre pensée, et sur bien des points de la France et de l'étranger on a répondu avec empressement à notre ardent désir de contribuer, dans notre humble mesure, à moraliser notre littérature populaire, en la pénétrant de plus en en plus d'une pensée chrétienne.

Les ouvrages que nous publierons embrassent les sujets les plus variés : histoire, voyages, études de science populaire, œuvres d'imagination, nous ne repoussons rien de notre cercle.

Le seul lien qui rattache tous ces ouvrages est l'esprit sérieux et chrétien dont nous désirons qu'ils soient tous animés.

Toutes nos publications ont un aspect semblable, une couverture de même couleur, qui les fait aisément distinguer. Nous nous sommes efforcés de soigner autant que possible leur exécution typographique. Plusieurs de nos ouvrages sont illustrés d'une manière remarquable.

Nos tirages élevés nous permettent d'atteindre un prix très réduit.

Ont déjà paru :

ROSA, histoire pour la jeunesse, par Mme Ed. de Pressensé.

3e tirage : 6,000 exemplaires.

UN VOLUME DE 350 PAGES GRAND IN-18. PRIX : 1 FR. 50 CENT.

Un succès grandissant a accueilli cette charmante histoire de jeune fille, d'où ressort avec tant de puissance l'influence du christianisme sur l'éducation du cœur.

—

L'AFRIQUE OUVERTE, par Henry Paumier.

UN JOLI VOLUME DE 150 PAGES GRAND IN-18, AVEC DE BELLES GRAVURES ET UNE CARTE. PRIX : 1 FRANC.

Cet ouvrage, devenu rapidement populaire parmi la jeunesse, initie le lecteur aux découvertes récentes du plus grand voyageur des temps actuels, le docteur David Livingstone.

—

LES GRANDS HOMMES DE L'ÉGLISE

OU

HISTOIRE DE L'ÉGLISE EN BIOGRAPHIES.

UN FORT VOLUME DE 576 PAGES GRAND IN-18. PRIX : 3 FRANCS.

Ce volume présente une galerie animée des plus grandes figures de l'Eglise chrétienne dans les quinze premiers siècles de notre ère. Nous n'avons pas besoin de faire ressortir l'intérêt qui se rattache à la vie d'un Origène, d'un saint Augustin ou d'un saint Bernard.

—

LES BASSOUTOS

OÙ

VINGT-TROIS ANNÉES D'EXPÉRIENCES ET D'OBSERVATIONS AU SUD DE L'AFRIQUE.

Par E. CASALIS, ancien missionnaire.

UN MAGNIFIQUE VOLUME DE 25 FEUILLES D'IMPRESSION IN-8°, AVEC 8 BELLES GRAVURES HORS TEXTE, UN GRAND NOMBRE DE VIGNETTES ET UNE GRANDE CARTE COLORIÉE DE L'AFRIQUE AUSTRALE. PRIX : 5 FRANCS.

100 exemplaires de luxe de cet ouvrage ont été tirés et se vendent 10 francs.

Cet ouvrage offre la peinture la plus pittoresque et la plus captivante de la vie des populations noires au sud de l'Afrique. C'est parmi elles que nos missionnaires français ont obtenu leurs plus beaux succès; rien n'est plus intéressant que de suivre leurs efforts au sein de ce peuple, dont le nom même n'était pas connu de la France il y a quarante ans. Rien n'a été épargné pour que l'exécution matérielle de cet ouvrage répondît à l'intérêt du contenu.

Pour obtenir l'un des ouvrages précédents : Envoyer la valeur en un mandat sur la poste à l'ordre de MM. Ch. MEYRUEIS et Cie, libraires, 174, rue de Rivoli, à Paris.